1인기업

무엇을 어떻게
차별화할 것인가

1인 기업

무엇을 어떻게
차별화할 것인가

최용주 지음

공감

시작은 미약하나
그 끝은 창대하리라.

목차

프롤로그 · 011

0장.

차별화 · 014

01. 왜 차별화인가? · 017
02. 차별화란 무엇인가? · 019
03. 어떻게 차별화할 것인가? · 021

1장.

강점으로 차별화하기(상품화 전략) · 024

01. 무엇을 팔 것인가? · 027
02. 강점에서 출발하기 · 032
03. 나의 강점으로 차별화하기 · 036
04. 강점이 없다면 어떻게 할 것인가? · 041
05. 정리하기 · 044

2장.

고객가치로 차별화하기(핵심 고객 전략)   · 046

01. 고객으로부터 출발하기   · 049
02. 고객의 가치 조사하기   · 051
03. 고객의 심리적 가치로 차별화하기   · 055
04. 스위트 스팟   · 058
05. 정리하기   · 062

3장.

초틈새시장으로 차별화하기(시장 창출 전략) · 064

01. 절대 가격 경쟁하지 마라!   · 067
02. 시장 세분화 및 표적 시장의 선정   · 073
03. 초틈새시장으로 차별화하기   · 076
04. 블루오션으로 차별화하기   · 080
05. 정리하기   · 084

4장.

콘셉트로 차별화하기(포지셔닝 전략)   · 086

01. 1인 기업의 삼원색   · 089
02. 콘셉트로 차별화하기   · 092
03. 브랜드 네이밍으로 차별화하기   · 096
04. 포지셔닝으로 차별화하기   · 100
05. 정리하기   · 103

5장.
콘텐츠로 차별화하기(커뮤니케이션 전략) · 106

01. 페르소나/아바타 · 109
02. 마케팅 퍼널 · 115
03. 가치 제안으로 차별화하기 · 119
04. 콘텐츠로 차별화하기 · 127
05. 마케팅 콘텐츠의 구성 요소 · 135
06. 콘텐츠 작성하는 법 · 145
07. 정리하기 · 149

6장.
SNS로 차별화하기(매체 및 홍보 전략) · 150

01. 소셜미디어로 차별화하기 · 153
02. 블로그로 차별화하기 · 156
03. 인스타그램으로 차별화하기 · 161
04. 유튜브로 차별화하기 · 165
05. 이메일로 차별화하기 · 169
06. 검색엔진으로 차별화하기 · 174
07. 정리하기 · 179

7장.

비즈니스 모델로 차별화하기(판매 전략) · 182

01. 비즈니스 모델이란? · 185
02. 비즈니스 모델 캔버스로 차별화하기 · 188
03. 정리하기 · 196

8장.

최종 사업계획서 완성 · 198

에필로그 · 206
1인 기업의 성공을 위한 조언

참고문헌 · 214

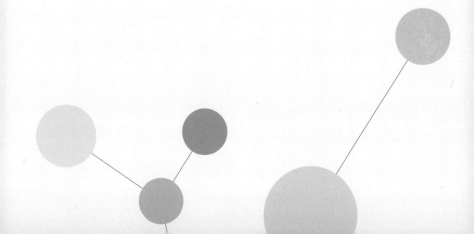

1인 기업의 마케팅은 달라야 합니다!

1인 기업이 증가하고 있습니다. 그러나 1인 기업의 마케팅에 관한 책은 거의 없는 실정입니다.

1인 기업의 마케팅에 관한 책은 반드시 필요합니다. 1인 기업의 마케팅은 대기업이나 중소기업을 대상으로 하는 전통적인 마케팅과 달라야 합니다. 왜냐하면 1인 기업은 이들과 경쟁을 하기에는 자본력이 약하기 때문입니다. 그러므로 1인 기업은 전통적인 마케팅과 다른 차별화된 마케팅을 해야 합니다. 이 책의 목표 또한 1인 기업의 차별화 마케팅에 관한 이론 및 실무에 대한 노하우를 제공하는 것입니다.

이 책의 장점은 다음과 같습니다.

첫째, 이 책을 통해서 당신은 1인 기업의 마케팅 전문가가 되기 위하여 오랜 기간 동안 경험해야 하는 내용을 짧은 시간에 습득할 수 있습니다. 그리고 그것을 당신의 1인 기업에 실제적으로 구현할 수 있도록 도울 것입니다.

둘째, 이 책은 1인 기업의 마케팅을 대기업 및 중소기업의 마케팅과 비교하기 때문에 전통적인 마케팅에 관한 지식도 포함하고 있습니다. 즉 전통적인 마케팅과 1인 기업의 마케팅을 모두 배울 수 있습니다.

마지막으로, 이 책은 1인 기업의 마케팅에 관한 이론뿐만 아니라 비즈니스 모델과 사업계획서 작성을 통하여 실제적으로 1인 기업의 창업 및 경영할 수 있는 능력을 제공합니다.

이것이 다른 책과의 차별점입니다. 이 책은 1인 기업가인 당신에게 경제적 자유와 풍요로 가는 길을 알려 줄 것입니다. 그리고 당신은 실제로 그 길을 가게 될 것입니다.

앞서 말씀드린 바와 같이 1인 기업은 대기업이나 중소기업의 축소판이 아닙니다. 1인 기업은 1인 기업입니다. 그러므로 1인 기업의 마케팅은 대기업이나 중소기업의 마케팅과 달라야 합니다. 그럼에도 불구하고 1인 기업의 마케팅에 관한 책이 많지 않습니다. 이것이 제가 1인 기업의 차별화 마케팅에 관한 책을 쓴 첫 번째 이유입니다.

또 다른 이유는 저도 1인 기업가이기 때문입니다. 저는 2020년에 홍익대 광고홍보학부 교수를 정년 퇴임하고 현재는 초빙교수로 있습니다. 정년 후에 1인 기업을 시작했습니다. 그러나 실패를 경험했습니다. 물론 코로나의 영향도 있었겠지만, 그 이유는 1인 기업의 마케팅은 대기업이나 중소기업의 마케팅과 달라야 한다는 사실을 간과했기 때문입니다.

이 책은 마케팅 커뮤니케이션을 전공한 저의 학문적 지식과 1인 기업가로서의 실무적 경험으로 이루어진 결과물입니다. 이 책이 1인 기업가인 당신에게 도움이 될 수 있기를 소망합니다.

2023.10.01.

최용주 드림

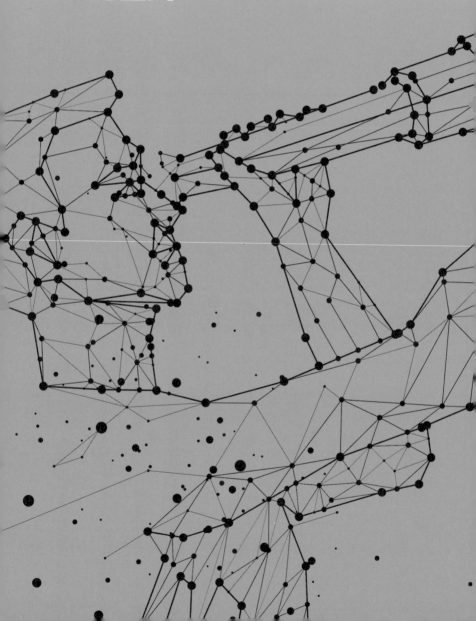

0장.
차별화

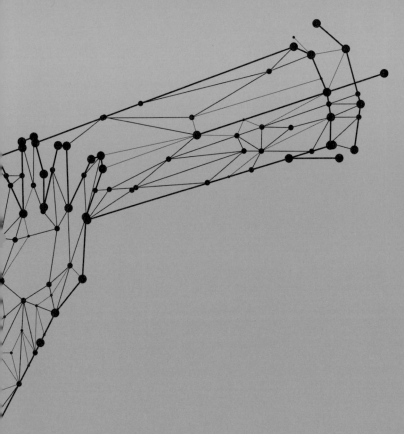

"과거의 마케팅 법칙은 이제 통하지 않는다.

이제는 다르게 마케팅할 때가 되었다."

– 세스 고딘

01.

왜 차별화인가?

1인 기업(One-Person Company)은 대기업이나 중소기업의 축소판이 아닙니다. 말 그대로 나 홀로 비즈니스입니다. 그러므로 1인 기업의 마케팅은 대기업이나 중소기업의 마케팅과 달라야 합니다. 즉 1인 기업만의 차별화가 필요한 것입니다.

다윗과 골리앗 이야기를 아십니까? 이스라엘의 양치기 소년 다윗이 청동 갑옷을 입고 창과 칼, 방패로 무장을 한 블레셋의 거인 골리앗을 이긴 이야기입니다. 그 승리의 비결은 무엇이었을까요? 그 비결은 바로 다윗이 골리앗과 전혀 다른 게임을 했다는 것입니다. 이것은 제가 좋아하는 말콤 글래드웰(Malcolm Gladwell)

의 『다윗과 골리앗』이라는 책에 나오는 이야기입니다. 우리가 관심을 가져야 할 것은 이 책의 부제입니다. '거인을 이기는 기술(Underdogs, Misfits, and the Art of Battling Giants)'이죠.

〈그림 1〉 다윗과 골리앗(출처: Flickr)

1인 기업이 대기업이나 중소기업과 경쟁을 한다면 승산이 있을까요? 어떻게 하면 1인 기업이 이길 수 있을까요? 다윗과 마찬가지로 1인 기업도 다른 관점(전략)이 필요합니다. 저는 이것을 '차별화 전략'이라고 말하고 싶습니다.

이 책의 결론부터 말씀드리겠습니다. **1인 기업의 성공 비결은 차별화입니다!**

02.
차별화란 무엇인가?

그렇다면 차별화란 무엇일까요? 좋은 제품이나 서비스라고 반드시 경쟁에서 이기는 것은 아닙니다. 차별화가 필요합니다. 차별화는 남과 다른 것입니다. 하지만 무조건 다른 것이 아닙니다. 차별화란 자사의 제품이나 서비스가 타사의 제품이나 서비스와 구별되는 '의미 있는 차이'입니다.

예를 하나 들어 보겠습니다. 구글(Google)의 첫 화면은 다른 검색엔진과 어떻게 다를까요? 사실 단순해 보입니다. 검색어를 입력하는 네모 상자 외에는 아무것도 없습니다. 그러나 이것이 바로 의미 있는 차이입니다. 구글은 '단순성'이라는 의미 있는 차이로 차별화에 성공한 것입니다. 그래서 당시 검색엔진 1위이던 야후 (Yahoo)를 누르고 세계적인 기업이 될 수 있었습니다(〈그림 2〉, 〈그림 3〉).

〈그림 2〉 구글 메인 화면

〈그림 3〉 야후 메인 화면

기억하십시오. **차별화는 고객에게 의미 있는 차이를 제공하는 것입니다.**

03.
어떻게 차별화할 것인가?

그렇다면 어떻게 차별화할 수 있을까요? 이에 대한 대답이 이 책의 내용입니다. 차별화에는 크게 두 가지가 있습니다.

1. 내용(Contents)의 차별화: 가치의 차이 - 1, 2, 3장
2. 전달(Communication)의 차별화: 인식의 차이 - 5, 6장

차별화는 의미 있는 차이를 제공하는 것이라고 했지요? 먼저 '내용의 차별화'는 고객에게 의미 있는 '가치의 차이'를 제공하는 것입니다. 여기에 해당하는 것이 1장, 2장, 3장의 내용입니다. 1장에서는 '나의 강점'으로 차별화하는 방법을 살펴볼 것입니다. 전

통적인 마케팅에서는 상품화 전략이라고 할 수 있습니다. (참고로 여기서 전통적인 마케팅이란 대기업이나 중소기업을 대상으로 하는 마케팅을 말합니다.) 2장에서는 '고객의 가치'로 차별화하는 방법을 알아볼 것입니다. 전통적인 마케팅의 핵심 고객 전략에 해당합니다. 그리고 3장에서는 '초틈새시장'으로 차별화하는 방법을 살펴볼 것입니다. 전통적인 마케팅에서는 시장세 분화 및 표적 시장 전략이라고 합니다.

1장, 2장, 3장의 내용은 한 단어로 요약되어야 합니다. 바로 '콘셉트(Concept)'입니다. 이것이 4장의 내용입니다. "콘셉트가 중요하다!"는 이야기를 자주 들으시지요? 콘셉트가 앞의 내용의 차별화(1, 2, 3장)와 뒤의 전달의 차별화(5, 6장)를 연결하는 다리 역할을 합니다.

다음으로 '전달의 차별화'는 고객에게 의미 있는 '인식의 차이'를 전달하는 것입니다. 여기에 해당하는 것이 5장과 6장입니다. 5장에서는 '콘텐츠'로 차별화하는 방법을 살펴볼 것입니다. 전통적인 마케팅의 촉진(커뮤니케이션) 전략 중 메시지 전략에 해당합니다. 6장에서는 'SNS(Social Network Service)'로 차별화하는 방법을 알아볼 것입니다. 전통적인 마케팅에서는 촉진(커뮤니케이션) 전략 중에서 매체 전략이라고 할 수 있습니다.

그리고 7장에서는 '비즈니스 모델'을 살펴볼 것입니다. 전통적인 마케팅에서는 마케팅과 판매가 분리되어 있습니다. 그러나 1인 기업은 나 홀로 비즈니스이기 때문에 수익이 중요합니다. 이러한 이유에서 1인 기업의 비즈니스 모델을 알아보고, 이를 바탕으로 마지막으로 8장에서 '사업계획서'를 작성해 볼 것입니다. 이렇게 되면 1인 기업을 시작할 수 있는 실제적인 준비가 될 것이라고 확신합니다.

차별화와 이 책의 전반적인 구조에 대해서 말씀드렸으니, 이제 본격적으로 성공적인 1인 기업의 차별화 마케팅을 향해서 출발하겠습니다.

1장.
강점으로 차별화하기
(상품화 전략)

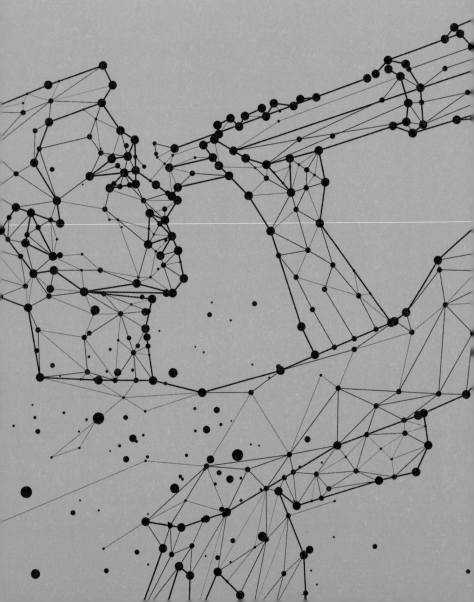

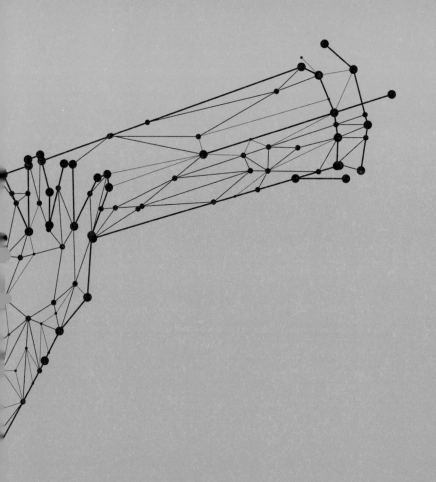

"행복해지려면 강점을 찾아라."

– 도널드 클리프턴

1인 기업의 마케팅을 시작하는 방법에는 두 가지가 있습니다. 하나는 자신의 강점에서 시작하는 방법이고 다른 하나는 고객의 가치로부터 출발하는 방법입니다. 쉽게 말하면 첫 번째 방법은 자신만의 노하우나 혁신 제품을 가지고 있는 벤처나 스타트업 같은 기업에 해당합니다. 두 번째 방법은 그렇지 않은 일반적인 기업에 해당합니다.

여기에는 장단점이 있습니다. 전자는 힘든 길인 반면에 후자는 편안한 길입니다. 하지만 전자는 경쟁이 별로 없는 길인 반면에 후자는 경쟁이 심한 길입니다. 로버트 프로스트(Robert Frost)의 시 「걸어 보지 못한 길(The Road Not Taken)」처럼 '노란 숲속에 두 갈래 길이 있습니다(Two roads diverged in a yellow woods)'. 당신은 어떤 길을 선택하시겠습니까?

01.
무엇을 팔 것인가?

1인 기업가인 당신은 어떤 상품을 팔 것입니까? 이 질문에 답하기 전에 우선 가능한 **'1인 기업의 형태'**부터 알아보겠습니다. 즉 '나는 앞으로 어떤 1인 기업을 할 것인가?'를 살펴보는 것입니다.

일본의 행동습관 전문가 사토 덴은 1인 기업의 상품을 상품의 제작자, 형태, 판매 장소, 판매 방법에 따라서 24가지 조합으로 분류했습니다. 저는 이것을 보완하여 〈표 1〉과 같은 36가지 조합으로 만들어 보았습니다.

판매자	형태	판매 장소	판매 방법
자신의 상품	물리적 상품	Online 판매	스스로 판매
타인의 상품	콘텐츠	Offline 판매	타인이 팔아 줌
콜라보 상품	서비스	On & Off 판매	스스로 판매 & 타인이 팔아 줌

〈표 1〉 1인 기업의 유형

먼저 상품의 판매자에 따라 분류해 보면 자신이 만든 상품을 판매할 수도 있고, 다른 사람이 만든 상품을 판매할 수도 있습니다. 그리고 다른 사람과 공동 제작한 상품을 팔 수도 있을 것입니다.

상품의 형태로 나누어 보면 가장 많은 형태인 유형의 물리적인 상품을 판매할 수도 있고, 무형의 콘텐츠나 서비스를 판매할 수도 있을 것입니다.

상품의 판매 장소에 따라 분류해 보면 상품을 홈페이지나 인터넷 쇼핑몰 같은 온라인에서 판매할 수도 있고, 특정 장소에서 일 대일 대면으로 오프라인에서 팔 수도 있고 또는 온라인과 오프라인 모두에서 팔 수도 있을 것입니다.

마지막으로 상품의 판매 방법으로 나누어 보면 상품을 자기 스스로 팔거나 다른 사람이 팔아 줄 수 있을 것입니다.

당신은 누가 만든 어떤 형태의 상품을 어떤 장소에서 어떤 방법으로 팔고자 합니까? 달리 표현하면, 어떤 '1인 기업의 형태'를 선호하십니까? 이것은 매우 중요한 문제입니다. 물론 7장 '비즈니스 모델로 차별화하기'에서 이것을 자세히 살펴볼 것입니다. 하지만 처음 시작하는 상품화 단계에서 1인 기업의 형태를 전체적으로 생각해 보는 일이 필요합니다.

제가 여러분에게 추천하는 1인 기업의 형태는 〈표 2〉와 같습니다.

판매자	형태	판매 장소	판매 방법
자신의 상품	물리적 상품	Online 판매	스스로 판매
타인의 상품	콘텐츠	Offline 판매	타인이 팔아 줌
콜라보 상품	서비스	On & Off 판매	스스로 판매 & 타인이 팔아 줌

〈표 2〉 바람직한 1인 기업의 형태

1인 기업은 자신이 직접 만든 콘텐츠를 온라인에서 스스로 판매하는 것이 제일 바람직합니다. 그 이유는 다음과 같습니다. 첫째, 콘텐츠를 팔기 때문에 물리적인 상품처럼 제작 비용이 많이 들지 않습니다. 그리고 서비스의 경우처럼 시간이 많이 필요하지도 않습니다. 둘째, 자신이 만든 상품을 팔기 때문에 소유권이 자신에게 있습니다. 그리고 타인의 상품을 파는 경우처럼 상품의 원가나 일정의 수수료를 지불하지 않아도 됩니다. 셋째, 온라인으로 팔기 때문에 점포나 창고 같은 물리적인 장소가 필요하지 않습니다. 그리고 물리적 상품처럼 유통 과정이 필요하지 않습니다. 마지막으로 직접 판매하기 때문에 가격 등 모든 것을 스스로 조율할 수 있습니다.

예컨대, 물리적 상품을 판매한다면 그 상품을 제작하는 데 비용이 많이 들 뿐만 아니라 상품을 보관할 장소도 필요합니다. 또한 판매할 때 매번 포장을 하고 배송을 해야 하며, 재고 문제도 발생합니다. 그리고 이 일을 혼자서 할 수 없다면 사람을 고용해야 하고 임금도 지불해야겠지요. 한마디로 1인 기업에 맞지 않습니다. 1인 기업은 큰 자본 없이 혼자서도 할 수 있는 기업이기 때문입니다.

여기서 중요한 것은 콘텐츠입니다. 콘텐츠를 파는 것입니다. 물론 판매할 콘텐츠를 준비하는 데 시간과 노력이 듭니다. 하지만 물리적 상품처럼 많은 돈이 필요하지는 않습니다. 또한 한 번 만들면 계속해서 판매할 수 있습니다. 업데이트만 해 나가면 됩니다. 그리고 하나의 콘텐츠를 여러 가지 유형으로 바꾸어 판매할 수도 있습니다. 소위 원소스 멀티유즈(OSMU)가 가능합니다. 예를 들면 여러분의 콘텐츠를 파일, 동영상, 강의, 책, 세미나, 컨설팅 등 여러 가지 유형으로 판매할 수 있습니다.

이러한 이유에서 저는 여러분에게 콘텐츠 1인 기업을 우선 추천합니다.

그러나 반드시 콘텐츠를 파는 1인 기업이어야 하는 것은 아닙니다. 물론 콘텐츠뿐만 아니라 물리적 상품이나 서비스를 판매하는 1인 기업도 가능합니다. 예를 들면, 콘텐츠와 물리적 상품, 콘텐츠와 서비스, 또는 물리적 상품과 서비스를 같이 파는 것도 괜찮습니다. 그리고 내가 만든 상품을 직접 팔기도 하지만 다른 사람이 팔아 주기도 한다면 더 말할 나위가 없겠지요.

생각해 보기

당신은 무엇을 팔 겁니까?

02.
강점에서 출발하기

1인 기업은 나 홀로 비즈니스입니다. 혼자서 북 치고 장구 치고 다 해야 합니다. 그러므로 1인 기업은 내가 바로 상품입니다. 따라서 나의 강점이 내가 파는 상품의 강점이 됩니다. 이러한 이유에서 1인 기업의 상품화 전략은 나의 강점에서 출발해야 합니다.

일반적으로 사람들은 강점을 자신이 잘하는 것이라고 생각합니다. 물론 이것도 강점이 될 수 있겠지요. 하지만 내가 잘하는 것을 다른 사람도 잘할 수 있습니다. 정도의 차이만 있겠지요. 그러므로 여기서 강점은 다른 사람은 가지고 있지 않은, 나만이 가지고 있는 특성을 말합니다. 따라서 나의 강점은 곧 나의 차별점이 되는 것입니다. 이것이 1인 기업의 상품화 전략이 나의 강점에서 출발해야 하는 이유입니다.

이러한 나의 강점을 마케팅에서는 'USP(Unique Selling Propositi-on)'라고 합니다. 우리말로는 '**고유한 판매 제안**'이라고 합니다. 즉 경쟁 상품과 차별화되는 나만의 고유한 특징을 말합니다. 달리 표현하면, 경쟁사가 제공할 수 없는 나만의 고유한 혜택(편익)을 고객에게 제공할 수 있어야 합니다. 이 혜택은 상품의 속성일 수도 있고, 디자인, 포장, 배송, 고객 서비스 또는 판매 방식일 수도 있습니다.

그러나 문제는 이러한 것들을 경쟁 업체가 쉽게 모방할 수 있다는 것입니다. 소위 미투(Me-too) 전략이 가능합니다. 시장에서 어떤 신제품이 성공하면 이름, 모양, 맛, 디자인 등을 베낀 유사한 제품들이 쏟아져 나옵니다.

앞으로 자세히 이야기하겠지만 차별화의 단점은 경쟁자가 모방하거나 복제할 수 있다는 것입니다. 그러므로 계속 차별화해 나가는 것이 필요합니다. 미투 제품을 방지하면서 차별화를 유지하는 가장 좋은 방법은 다른 회사들이 모방할 수 없도록 나만이 가지고 있는 고유한 혜택(편익)으로 차별화하는 것입니다. 즉 나의 강점으로 차별화하는 것입니다.

이러한 나의 강점, 곧 차별화를 위해서는 다음과 같은 질문에 답할 수 있어야 합니다.

"왜 고객이 다른 경쟁자가 아니라 나에게서 사야만 하는가?"

한마디로 이 질문에 대한 대답이 **'가치 제안'**입니다. 고객에게 경쟁사가 제공할 수 없는 나만의 가치를 제공하는 것입니다. 즉 경쟁사가 제공하는 가치와 차별화된 가치를 제공하는 것입니다. 이 가치 제안은 고객의 문제 해결일 수도 있고, 고객에게 혜택을 제공하는 것일 수도 있습니다. 이것이 전통적인 마케팅에서 이야기하는 고객의 필요(Needs)와 욕구(Wants)를 만족시키는 것입니다. 저는 이것을 한마디로 **'고객 가치'**라고 표현할 것입니다. 즉 가치는 고객의 문제를 해결하거나 혜택(편익)을 제공하거나 필요와 욕구를 만족시킬 때 높아지는 것입니다.

나의 강점은 곧 나의 차별점입니다. 만약 당신이 누구나 판매(제공)하는 상품을 판다면 그 상품의 가치는 낮을 것입니다. 반대로 당신이 당신만이 제공할 수 있는 상품을 판다면 그 상품의 가치는 높을 것입니다. 고객들이 당신에게서만 살 수 있으니까요. 그러므로 나의 차별점이 곧 나의 강점이 되는 것입니다. 나의 강점을 가지고 당신의 상품을 차별화해 보시기 바랍니다.

다시 한 번 강조합니다.

나의 강점이 1인 기업의 출발점이며 차별점입니다.

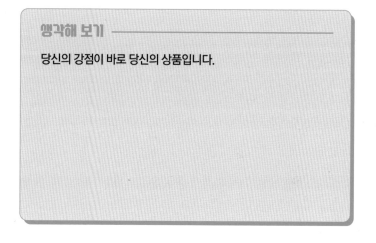

생각해 보기

당신의 강점이 바로 당신의 상품입니다.

03.
나의 강점으로 차별화하기 _____

그렇다면 나의 강점을 어떻게 발견할 수 있을까요? 1인 기업의 출발점은 자신의 강점이라고 했습니다. 그러므로 자신의 강점을 파악하는 것이 매우 중요합니다. 하지만 쉽지 않습니다. 자신을 가장 잘 아는 사람이 바로 자기 자신인데도 말입니다. 그래서 오래전에 소크라테스가 말하지 않았습니까? "너 자신을 알라!"

나의 강점은 다음의 두 가지에서 발견할 수 있습니다.

  1. 내가 좋아하는 일
  2. 내가 잘하는 일

먼저 '내가 좋아하는 일'은 내가 '열정'을 가지고 할 수 있는 일입니다. 이 일을 할 때는 재미있고 즐겁겠지요. 하지만 내가 좋아하는 일을 잘하지 못한다면 수익을 창출하지 못하고 결국 취미로 남게 됩니다.

다음으로 '내가 잘하는 일'은 '전문성'이 있는 일입니다. 이것은 수익을 창출하는 데 유리합니다. 하지만 내가 이 일에 열정이 없다면 이 일을 하면서 만족감을 얻을 수 없습니다. 더불어 이 일을 계속하기도 쉽지 않습니다.

물론 이 두 가지가 하나라면 최고겠지요. 하지만 그런 경우는 매우 드뭅니다. 그래서 저는 이 두 가지가 겹치는 것을 추천합니다. 당연히 이 교집합이 크면 클수록 좋겠지요. 그래야 오래 행복하게 1인 기업을 할 수 있을 것입니다. 100세 시대라고 하지 않습니까? 물론 돈을 벌고자 1인 기업을 하는 것일 테지만, 1인 기업을 통해 여러분 스스로가 행복해야 합니다. 지금 여러분의 직업이 행복하다면 굳이 1인 기업을 할 필요가 없습니다. 지금 일이 만족스럽지 않거나 수입이 적기 때문에 1인 기업을 하려는 것이 아닙니까?

자, 먼저 '내가 좋아하는 일'을 찾아보세요. 내가 열정을 가지고

할 수 있는 일을 생각해 보세요. 그다음에 '내가 잘하는 일'을 찾아

보세요. 내가 전문성을 가지고 있는 일을 생각해 보세요.

이 두 가지가 겹치는 곳에 당신의 강점이 있습니다(〈그림 4〉).

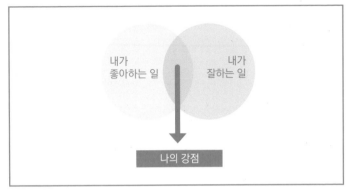

<그림 4〉 나의 강점 발견하기

시작이 반이라고 하지 않습니까? '나의 강점'을 발견했다면 반은

성공한 셈입니다. 앞으로 설명할 다른 전략들과 함께 나의 강점을

어떻게 **'상품화'**할 수 있는지 고민해 보세요!

사례를 하나 소개하겠습니다. A 님은 지친 서울 생활을 뒤로하

고 귀촌했습니다. 처음에는 참 좋았습니다. 그런데 시간이 지나

자 좀 지루해져서 지역문화센터에서 민화(民畵)를 배우기 시작했

습니다. 참 재미있었고, 적성에도 잘 맞았습니다(좋아하는 일!). 그러다가 민화를 배운 지 2년쯤 지나서 공모전에서 상을 받았습니다. 초대작가가 된 것입니다(잘하는 일!). A 님은 '나의 강점'인 민화를 '상품화'하기로 결정했습니다. 민화를 온라인을 통해 팔 수도 있고, 민화가 들어간 상품도 개발할 수 있겠지요. 물론 민화집이나 민화가 삽화로 들어간 수필집 같은 책도 쓸 수 있겠지요. 또한 온라인 플랫폼이나 문화센터 같은 오프라인에서 민화를 가르칠 수도 있겠지요. 현재는 블로그에 민화와 글을 올리면서 1인 기업을 준비하고 있답니다.

1인 기업의 창업을 위한 준비 기간은 얼마가 좋을까요? 개인마다 다르겠지만 저는 6개월에서 1년이 좋다고 생각합니다. 그 이유는 1인 기업을 시작하기 전에 자신의 상품과 서비스를 미리 알리는 시간이 필요하기 때문입니다. 이런 준비 없이 1인 기업을 시작하고자 할 경우 최소 6개월에서 1년간 자신의 상품과 서비스를 알려야 합니다. 말하자면 개점 휴업이 될 공산이 큽니다. 그러므로 앞으로 설명드릴 다른 전략들과 함께 '나의 강점'을 고민하시면서 천천히 그리고 확실하게 1인 기업을 준비하시기 바랍니다.

생각해 보기

당신의 강점은 무엇입니까?

04.
강점이 없다면 어떻게 할 것인가?

1인 기업을 시작하는 방법에는 두 가지가 있습니다. 하나는 자신의 강점에서 시작하는 방법이고, 다른 하나는 고객의 가치로부터 출발하는 방법입니다. 쉽게 말하면 첫 번째 방법은 자신만의 노하우나 혁신 제품을 가지고 있는 벤처나 스타트업 같은 기업에 해당됩니다. 두 번째 방법은 그렇지 않은 일반적인 기업에 해당됩니다. 여기에는 장단점이 있습니다. 전자는 외로운 길인 반면에 후자는 편안한 길입니다. 하지만 전자는 경쟁이 별로 없는 길인 반면에 후자는 경쟁이 심한 길입니다.

1인 기업은 자본이 많지 않기 때문에 가능한 한 경쟁을 피해야 합니다. 뒤에서 말씀드리겠지만, 가격 경쟁에 휘말리면 1인 기업은 대기업이나 중소기업과의 경쟁에서 살아남을 수 없습니다. 그래서 1인 기업은 자신의 강점에서 출발해야 한다고 강조한 것이지요. 그리고 그 강점이 콘텐츠라면 1인 기업에게 더 유리하다고 말씀드린 것입니다.

그렇다고 콘텐츠에 대해서 너무 부담을 갖지는 마십시오. 여러분은 이미 콘텐츠를 갖고 있습니다. 단지 그것을 아직 인식하지 못했거나 발견하지 못했을 뿐입니다. 콘텐츠의 출처는 다양합니다. 먼저 여러분이 가지고 있는 지식, 정보, 아이디어, 경험을 바탕으로 콘텐츠를 만들 수 있습니다. 또한 요리, 여행, 게임, 영화 등 여러분의 취미가 콘텐츠로 발전할 수도 있고, 여러분이 직장에서 하는 업무에서 얻을 수도 있습니다. 직장인을 대상으로 한 취업 플랫폼에서 조사한 바에 의하면 창업을 계획하는 사람 중에서 '현재 담당하고 있는 직무'와 관련된 분야로 창업하겠다는 직장인이 40.2%로 가장 많았습니다(잡코리아, 2023.05.16.).

한 가지 예를 들겠습니다. 『한국어를 팝니다』의 저자 선현우 님은 한국어를 세계에 파는 1인 기업을 창업했습니다. 2000년대 초반만 하더라도 한국을 방문하는 외국인은 늘어나는데 한국어를 가르치는 곳이 거의 없었습니다. 신현우 님은 외국인들을 대상으로 오프라인에서 한국어를 가르치다가 이것을 온라인으로 확장했습니다. 물론 지금은 큰 회사로 성장을 했지만, 그 출발은 콘텐츠 1인 기업이었습니다.

여러분이 가진 지식, 정보, 아이디어, 경험, 취미, 직무 등에서 여러분의 콘텐츠를 찾아보십시오.

그리고 그 콘텐츠를 어떻게 차별화할지에 대해 연구해 보십시오. 아직 차별화된 콘텐츠가 없다면, 앞으로 유망하다고 생각하는 분야의 콘텐츠를 지금부터 준비해도 좋습니다. 물론 준비하는 데 시간이 많이 필요하겠지만 천 리 길도 한 걸음부터라고 하지 않습니까? 아무것도 하지 않는다면 미래는 항상 미래로 남기 마련입니다.

생각해 보기

당신의 강점이 될 수 있는 콘텐츠는 무엇입니까?

05.
정리하기

1인 기업은 자신의 강점에서 출발합니다. 나의 강점이 곧 1인 기업의 상품이 됩니다. 왜냐하면 나 자신이 바로 1인 기업이기 때문입니다. 나의 강점은 내가 좋아하는 일과 내가 잘하는 일의 공통분모에서 찾을 수 있습니다.

이렇게 자신의 강점에서 출발한다면 1인 기업은 반쯤 성공한 것이나 마찬가지입니다. 시작이 반이니까요.

만약 자신의 강점을 발견하지 못했다면 두 가지 방법이 있습니다. 하나는 지금부터 강점을 만들어 가는 겁니다. 다른 하나는 전통적인 마케팅처럼 고객의 가치에서 출발하는 방법입니다. 물론 여기서도 차별화를 시도해야겠지요. 이것이 다음 장에서 다룰 내용입니다.

2장.
고객 가치로 차별화하기
(핵심 고객 전략)

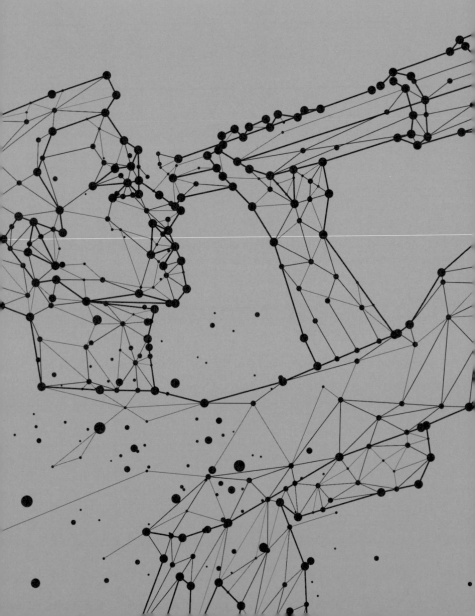

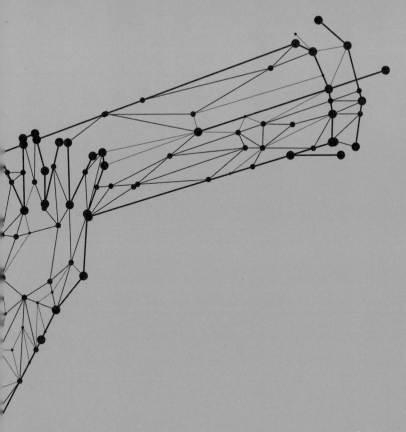

"기업의 비즈니스를 결정하는 것은 고객이다."

— 피터 드러커

"고객이 왕이다"라는 말 들어 보셨지요? 제가 어렸을 때부터 고객은 이미 왕이라고 불렸습니다. 그럼에도 불구하고 많은 기업이 아직도 이 구호를 말로만 외치고 있습니다. 실제로는 자기 자신이 왕이면서 말입니다. 고객을 함부로 대한다는 말이 아닙니다. 고객 중심적이 아니라, 여전히 기업 중심적이고 제품 중심적이라는 말입니다. 좋은 마케팅은 '고객 중심적'이어야 합니다. 이것이 좋은 마케팅과 나쁜 마케팅의 차이입니다.

그래서 마케팅은 고객으로부터 출발해야 합니다. 고객이 가치가 있다고 생각하는 상품을 제공해야 합니다. 기업이 가치가 있다고 생각하는 상품이 아니고요. 그리고 고객이 듣고 싶은 이야기를 들려주어야 합니다. 기업이 하고 싶은 이야기가 아니고요.

고객의 마음을 움직이는 이야기를 하려면 먼저 고객이 무엇을 중요하게 생각하는지를 알아야겠지요. 즉 고객의 가치를 이해해야 합니다. 그리고 이 고객 가치를 기반으로 나중에(4장) 고객에게 '가치 제안'을 해야 합니다. 나아가서 고객 가치가 앞 장에서 언급한 나의 강점과 맞아떨어진다면 금상첨화겠죠. 이것이 바로 고객의 가치로 차별화하는 방법입니다.

01.
고객으로부터 출발하기

좋은 마케팅은 고객으로부터 출발합니다. 더 정확하게 이야기하면 고객의 '**필요**'와 '**욕구**'에서 출발합니다. 그래서 모든 마케팅 책에는 필요와 욕구가 먼저 나옵니다. 필요(Needs)란 사람이 살아가는 데 있어 필요한 의, 식, 주, 안전, 소속감 등과 같은 기본적인 것들이 부족한 상태를 말합니다. 욕구(Wants)란 그러한 필요를 충족시킬 수 있는 어떤 구체적인 수단을 원하는 상태를 말합니다. 예를 들어, 배가 고프다는 것은 필요이지만, 라면이나 햄버거를 먹고 싶다고 느끼는 것은 욕구입니다. 마케팅의 출발점은 고객의 필요와 욕구를 이해하고 이를 충족시키고자 노력하는 것입니다.[1]

---

1 마케팅 용어에 대한 설명은 『마케팅 원리』를 참고합니다. 좋은 책입니다. 전통적인 마케팅의 입문서로 강력 추천합니다.

그럼에도 불구하고 많은 기업은 상품의 성능이나 품질로부터 시작합니다. 이것은 실패할 수밖에 없는 나쁜 마케팅입니다. 왜냐하면 이제 상품의 성능이나 품질로 차별화하는 것이 어려운 시대가 되었기 때문입니다. 여러분! 삼성 냉장고와 LG 냉장고 중 어느 것이 더 성능이 좋습니까? 삼성 에어컨과 LG 에어컨 중 어느 것이 더 품질이 뛰어납니까? 고객의 취향의 문제입니다.

결론적으로 1인 기업은 고객으로부터 출발해야 합니다.

더 정확히 말하면, 고객의 필요와 욕구로부터 출발해야 합니다. 즉 고객의 가치로부터 출발해야 합니다.

생각해 보기

당신 고객의 필요와 욕구는 무엇인가요?

02.
고객의 가치 조사하기

고객의 필요와 욕구는 어떻게 알 수 있을까요? 즉 고객의 가치는 어떻게 알 수 있을까요? 고객에게 직접 물어보면 됩니다. 이것을 '**고객 조사(소비자 조사)**'라고 합니다. 많은 대기업과 중소기업이 고객 조사를 실시합니다. 하지만 여기에는 문제가 있습니다. 1인 기업은 예산이 적기 때문에 고객 조사를 할 수 없다는 것입니다.

그럼에도 다행인 것이 무엇인지 아십니까? 돈을 많이 들이고 의뢰한 고객 조사의 결과를 완전히 믿을 수 없다는 것입니다. 물론 고객들의 구매와 관련된 양적인 결과는 어느 정도 믿을 수 있습니다. 즉 고객들이 어떤 사람들이며, 언제, 어디서, 무엇을, 얼마나 많이 구매했는지에 대한 정보는 얻을 수 있습니다. 그러나 정작 중요한, 고객들이 구매 동기와 상품에 대한 인식은 얻기가 쉽지 않습니다. 왜냐하면 대부분의 고객이 자신이 무엇을 필요로 하는지 그리고 무엇을 원하는지 잘 모르기 때문입니다. 인간의 구매 의사결정은 의식보다는 무의식에 의해서 결정되는 것이 많고, 또한 이성적이기보다는 감정적으로 결정하는 경우가 더 많습니다. 전문가들은 고객들이 설문 조사에 응답할 때는 이성적으로 답하지만, 실제 상품을 구매할 때는 감정에 따라 구매를 하고 나중에 이성으로 구매 행위를 정당화한다고 말합니다. 그래서 고객 조사의 결과를 완전히 믿을 수 없다는 것입니다.

그러므로 1인 기업은 다른 방법으로 고객 조사를 해야 합니다. 양적인 조사가 아니라 질적인 조사를 하는 것입니다. 여기에는 두 가지 방법이 있습니다.

첫 번째 방법은 여러분의 주위에 있는 분들에게 직접 질문하는 것입니다. 가족, 친구, 지인, 직장 동료, 고객, 거래처 직원분들에게 물어보십시오. "당신은 000을 어떻게 생각하십니까?", "당신은 ○○○를 어떻게 느끼십니까?", "당신은 왜 000를 구매하세요?" 그리고 자연스럽게 대화를 이어가 보십시오. 그러면 공식적인 고객 조사에서 얻을 수 없는 고객의 속마음을 훨씬 더 자세하게 들여다 볼 수 있을 것입니다. 많이도 필요 없습니다. 10명 정도면 충분합니다.

두 번째 방법은 고객들의 구매 행동을 직접 관찰하는 것입니다. 먼저 고객들이 실제로 찾고 있거나 구매한 상품들을 분석해 보십시오. 특히 고객들의 '구매 후기'를 분석하는 방법을 추천합니다. 또한 네이버, 다음, 구글 등의 검색엔진에서 여러분의 상품과 관련된 '키워드'를 분석해 보십시오. 그리고 블로그, 유튜브, 인스타그램, 카페 등의 SNS에서 사람들이 무엇에 관심이 있고, 댓글을 달며, 반응하는지 확인해 보십시오. 이러한 방법을 사용하면 잠재 고객의 필요와 욕구를 발견할 수 있을 것입니다. 덤으로 미래 고객들에 대한 정보도 얻을 수 있다는 장점이 있습니다.

위의 첫 번째 방법은 고객의 가치를 오프라인에서 파악하는 방법입니다. 그리고 두 번째 방법은 고객의 가치를 온라인에서 파악하는 방법입니다. 이 두 가지 방법을 서로 보완하면 어느 정도 고객의 필요와 욕구를 파악할 수 있습니다. 이것이 돈을 들이지 않으면서도 전통적인 고객 조사와 차별화되는 1인 기업의 고객 조사 방법입니다.

생각해 보기

당신 고객의 가치를 조사해 보세요.

03.
고객의 심리적 가치로 차별화하기

이제 고객의 가치를 어느 정도 이해했습니다. 이 고객의 가치를 전통적인 마케팅에서는 고객의 필요와 욕구라고 합니다.

일반적으로 가치는 어떤 대상이 인간과의 관계에서 갖는 중요성을 말합니다. 여러분이 중요하게 여기는 것이 여러분에게 가치가 있는 것입니다. 그렇다면 고객의 가치란 무엇일까요? 고객이 구입하는 것은 상품이 아닙니다. 그들이 구입하는 것은 필요와 욕구에 대한 만족입니다. 다시 말해 고객은 가치를 구입하는 것입니다! 예컨대 10대 청소년이 나이키 운동화를 구입한다면, 그들은 패션이나 유행을 구입하는 것입니다. 그러므로 그 가치가 상품 안에 들어 있어야 합니다. 마케팅에서 고객 가치란 고객의 필요와 욕구를 충족시켜 주는 것이라고 정의할 수 있겠습니다.

고객 가치에는 여러 가지가 있습니다. 마케팅의 아버지라고 불리는 필립 코틀러(Philip Kotler)는 상품이나 서비스의 가치를 기능적 가치, 부가적 가치, 심리적 가치로 분류했습니다. 기능적 가치는 상품이나 서비스가 갖는 기본적 기능입니다. 부가적 가치는 기능적 가치 이외에 디자인이나 브랜드 등이 주는 추가적인 가치입니다. 그리고 심리적 가치는 상품이나 서비스가 고객에게 주는 감정적/정서적인 만족감을 말합니다.

물론 1인 기업은 이 세 가지 고객 가치를 모두 추구해야 합니다. 그러나 앞서 말씀드린 바와 같이, 이제 상품의 성능이나 품질에 차이가 별로 없기 때문에 기능적 가치로 차별화하는 것이 어렵습니다. 그러므로 부가적 가치와 심리적 가치로 차별화하는 전략을 추천합니다.

특히 1인 기업에게 중요한 것은 '심리적 가치'입니다. 사람은 때로 경제적 합리성만으로 행동하지 않기 때문입니다. 심리적 가치는 돈이 들지 않습니다. 이것은 나 자신이 기업이며 상품이고, 또한 나 자신이 콘텐츠인 1인 기업의 특성에 잘 맞습니다. 예를 들면 고객이 당신의 상품과 서비스를 접할 때 "마음이 편안하다",

"믿을 수 있다", "나를 알아준다", "나를 특별하게 대해 준다", "나를 이해해 준다", "기분이 좋다" 등을 고객이 느끼는 것입니다.

달리 표현하면, 심리적 가치란 고객의 마음을 사로잡는 것입니다. 고객이 당신에게서 사고 싶다는 감정을 갖게 하는 것입니다. 이와 같이 심리적 가치란 고객에게 감정적, 정서적인 만족감을 주는 것이기 때문에 1인 기업의 특성에 부합합니다. 따라서 심리적 가치를 철저하게 연구하시고 추구하시기를 강력히 추천합니다!

이렇게 고객의 심리적 가치로부터 출발하는 것은 전통적인 마케팅뿐만 아니라 1인 기업의 차별화 마케팅에서도 매우 중요한 의미를 갖습니다. 왜냐하면 어떤 상품의 기능 및 특징을 모방하는 것은 가능하지만, 고객이 그 상품을 통해 얻는 감정적 경험과 만족감은 쉽게 모방할 수 없기 때문입니다. 그러므로 이 심리적 가치가 이 책에서 논의하는 차별화 마케팅에 기초한 모든 전략에 적용됩니다.

> **생각해 보기** ─────────────────
>
> **당신이 고객에게 제공하는 심리적 가치는 무엇입니까?**

04.
스위트 스팟

골프 선수나 야구 선수들이 공을 치기 전에 스윙하는 장면이나 테니스나 배드민턴 선수들이 경기 중에 라켓의 줄을 고르는 장면을 본 적이 있을 겁니다. 골프채, 야구 배트, 테니스나 배드민턴 라켓에서 공이 가장 효과적으로 쳐지는 중심 부분을 스위트 스팟(Sweet Spot)이라고 합니다. 1인 기업의 '스위트 스팟'은 바로 나의 강점과 고객의 가치가 만나는 곳입니다.

나의 강점을 분명하게 가지고 있는데 고객의 가치와 서로 맞지 않는다면 홈런을 칠 수 없습니다. 거꾸로 고객의 가치를 분명히 알고 있는데 내가 강점을 가지고 있지 않다면 내가 원하는 곳으로

공을 보낼 수 없습니다.

1인 기업의 성패는 바로 '나의 강점'과 '고객의 가치'가 겹치는 이 스위트 스팟을 찾아내는 데 달려 있습니다. 달리 말하면 1인 기업과 고객의 '적합성'을 발견하는 것입니다. 이를 그림으로 표현하면 〈그림 5〉와 같습니다.

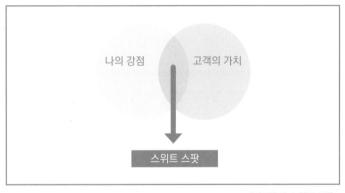

@〈그림 5〉 스위트 스팟

예를 들어 보겠습니다. B 씨는 오랫동안 출판사를 경영하다가 사업을 접었습니다. 그런데 요즘은 작가가 아니더라도 출간할 수 있는 시대라서 자기 책을 내고 싶은 일반인이 많다는 사실을 발견했습니다. 그래서 일반인들의 자비 출판을 도와주는 1인 기업을 시작했습니다. 즉 B 씨의 책 출판에 대한 전문성(강점!)과 일반인들이 자기 책을 출판하고 싶은 욕구(고객의 가치!)가 서로 만난 것입니다. 이렇게 1인 기업가의 강점과 고객의 가치가 만나는 지점이 바로 스위트 스팟입니다.

지금 이 책을 읽는 독자분들은 1인 기업을 창업하거나 더 잘 경영하고 싶은 욕구를 갖고 계실 것입니다. 저의 전문성은 1인 기업의 마케팅에 대한 지식과 경험입니다. 따라서 1인 기업가로서의 제가 선택한 스위트 스팟은 1인 기업을 준비하거나 시작하려는 분들을 위한 책, 강의, 컨설팅 등입니다.

그렇다면 독자 여러분의 스위트 스팟은 무엇입니까? 이 책을 통해서 독자분들의 강점과 여러분의 고객이 추구하는 가치가 서로 만나는 스위트 스팟을 발견하기를 바랍니다. 한 가지 유의할 점은 내가 생각하기에는 그렇게 중요한 것이 아닌데, 상대방에게는 아주 큰 가치가 있을 수도 있다는 것입니다. 거꾸로 내가 생각하기에는 중요한 것인데 상대방에게는 그렇지 않을 수도 있습니다. 그래서 앞에서 고객 가치의 조사에 대해서 미리 말씀드린 것입니다.

이 스위트 스팟이 뒤에서 설명할 **가치 제안**의 토대가 됩니다.

그래야 고객이 여러분의 메시지에 관심을 가지고 귀를 기울입니다. 여기에 대해서는 5장에서 말씀드리겠습니다.

생각해 보기

당신의 스위트 스팟은 무엇입니까?

05.
정리하기

　1인 기업은 고객의 가치로부터 출발해야 합니다. 이를 위해서는 '고객의 가치'를 알아야 합니다. 고객 조사에는 양적 조사와 질적 조사가 있습니다. 양적 조사는 결과를 완전히 신뢰할 수 없고 비용이 많이 들기 때문에, 오히려 1인 기업에는 질적 조사가 더 좋습니다. 질적 조사에는 두 가지 방법이 있습니다. 하나는 여러분의 주위에 있는 분들에게 직접 물어보는 것입니다. 다른 하나는 구매 후기, 검색 키워드, 댓글 등을 통하여 고객들의 구매 행동을 관찰하는 것입니다. 이렇게 오프라인과 온라인으로 고객의 가치를 조사하면 돈을 들이지 않으면서도 유용한 고객 가치를 얻을 수 있습니다.

고객 가치에는 기능적, 부가적, 심리적 가치가 있습니다. 이 중에서 1인 기업에게 중요한 것은 '심리적 가치'입니다. 심리적 가치는 상품이나 서비스가 고객에게 주는 감정적/정서적인 만족감을 말합니다. 이 심리적 가치는 돈이 들지 않고 경쟁 기업이 쉽게 모방할 수 없기 때문에 1인 기업에 가장 적합합니다.

1인 기업의 스위트 스팟은 바로 '나의 강점'과 '고객의 가치'가 만나는 곳입니다. 1인 기업의 성패는 바로 이 스위트 스팟을 찾아내는 데 달려 있다고 해도 과언이 아닙니다. 그러므로 신중하게 여러분의 스위트 스팟을 찾아보시기 바랍니다. 달리 말하면 스위트 스팟은 1인 기업과 고객의 '적합성'을 발견하는 작업입니다. 이 스위트 스팟이 뒤에서 설명할 '가치 제안'의 토대가 됩니다.

3장.
초틈새시장으로 차별화하기
(시장 창출 전략)

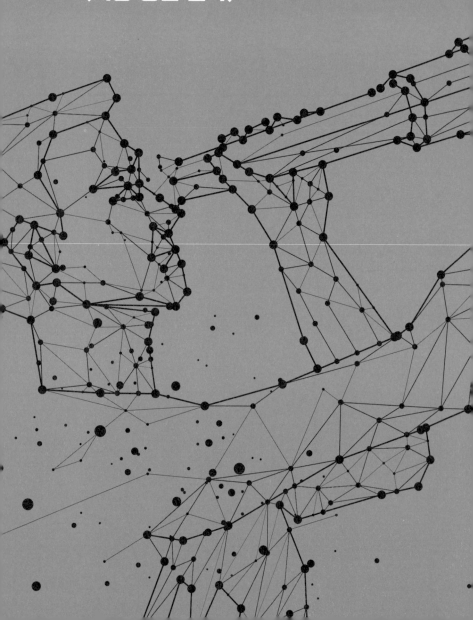

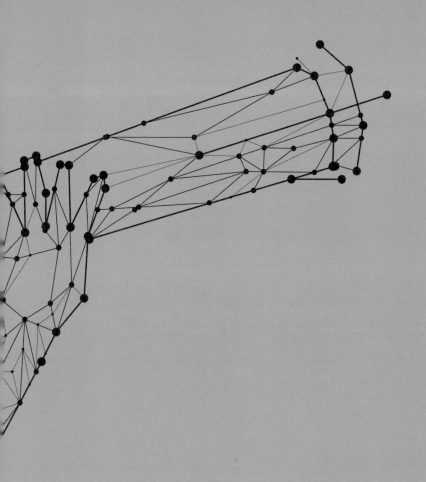

"모든 사람이 당신의 고객이 될 수는 없다."

– 세스 고딘

우리는 먼저 자신의 강점으로 무장을 했고, 다음으로 고객의 가치를 발견했습니다. 그리고 이 두 가지를 모두 고려해서 차별화를 시도했습니다. 이것은 아주 훌륭한 출발입니다.

하지만 아직도 부족합니다. 왜냐고요? '시장'에서 대기업이나 중소기업과 경쟁해야 하기 때문입니다. 우리는 1인 기업이기 때문에, 특히 가격 경쟁에서 살아남을 수 없습니다. 그러므로 경쟁을 피할 수 있는 차별화된 아주 아주 아주 작은 시장을 선점해야 합니다. 이것을 '초틈새시장(Micro Niche Market)'이라고 합니다. 이 장에서는 초틈새시장과 블루오션으로 차별화하는 방법에 대해서 살펴보겠습니다.

01.
절대 가격 경쟁하지 마라!

1인 기업은 절대적으로 '가격 경쟁'을 피해야 합니다.

가격 경쟁에 휘말리는 순간 1인 기업은 망합니다. 돈이 없기 때문입니다. 정확히 이야기하면, 가격 경쟁을 할 만큼 자금의 여력이 없기 때문입니다. 그러므로 1인 기업은 무조건 가격 경쟁을 하지 말아야 합니다.

사실 이것은 1인 기업에만 해당되는 것이 아닙니다. 대기업이나 중소기업도 가능한 한 가격 경쟁을 피해야 합니다. 왜냐하면 가격 경쟁이 시작되는 순간 모두가 피해를 보기 때문입니다. 승자 없는 전쟁이라고 할까요? 경쟁 기업이 가격을 내리면 따라서 가격을 내리지 않을 수 없습니다. 고객이 경쟁 기업의 제품을 구매할 테니까요. 경쟁 기업이 또다시 가격을 내리면 이번에도 가격을 내려야 합니다. 그러면 손익분기점을 지나 손해를 보게 됩니다. 자본이 풍부한 대기업이라면 이러한 가격 경쟁을 지켜 낼 수 있겠지만, 자본이 부족한 중소기업은 이러한 가격 경쟁에서 살아남을 수가 없습니다.

그러므로 1인 기업은 가격 경쟁이 아니라 다른 방법으로 경쟁을 해야 합니다. 즉 '가격 경쟁'이 아니라 '차별화 경쟁'을 해야 합니다! 그 방법에는 세 가지가 있습니다.

첫 번째 방법은 앞에서 이미 말씀드렸습니다. 무엇인지 기억나십니까? 그렇습니다. '나의 강점'과 '고객의 가치'로 차별화하는 것입니다. 즉 **'스위트 스팟'**으로 차별화하는 전략입니다. 이 전략은 1인 기업이 가격 경쟁을 피하고 가격 경쟁에서 승리할 수 있는 최상의 방법입니다. 그래서 먼저 말씀드린 것입니다. 한마디로 말하면, 경쟁에서 '비교의 기준'을 바꾸는 것입니다. 즉 '게임의 규칙'을 바꾼 것입니다. 경쟁자들이 상품의 성능이나 품질이나 가격으로 경쟁하는데, 나는 나의 강점과 고객이 원하는 가치를 지닌 상품으로 경쟁하는 것입니다. 이 전략은 이 책의 모든 차별화의 근간이 됩니다.

두 번째 방법과 세 번째 방법은 '시장' 자체를 차별화하는 전략입니다. 이번 장에서는 이 두 가지 전략을 중점적으로 말씀드리겠습니다.

두 번째 방법은 **'초틈새시장 전략'**입니다. 가격 경쟁이 존재하지 않도록 아주 아주 아주 작은 시장을 선정해서 그 시장을 선점(!)하는 방법입니다. 이렇게 하기 위해서는 먼저 시장을 세분화(Segmentation)해야 합니다. 그리고 표적 시장(Target Market)을 계속해서 줄여 나가야 합니다.

세 번째 방법은 **'블루오션 전략'**입니다. 가격 경쟁이 존재하지 않는 아주 새로운 시장을 만드는 것입니다. 말 그대로 청정바다 같은, 경쟁이 전혀 없는 새로운 시장을 창출하는 방법입니다. 물론 이것은 쉽지 않습니다. 그러나 이러한 블루오션을 만들 수만 있다면 시장을 독점(!)할 수가 있습니다. 가슴 설레지 않습니까?

자, 이렇게 친절하게 말씀드렸는데도, 많은 분이 가격 경쟁에 대한 미련을 버리지 못합니다. 가격 경쟁이 가장 오래된 익숙한 경쟁 방법이었으니까요. 그래서 추가로 한 가지 더 말씀드립니다.

앞서 1인 기업은 절대 가격 경쟁을 하지 말라고 이야기했습니다. 이 점은 충분히 이해하셨을 것입니다. 하지만 가격 경쟁을 하지 말라는 이야기가 가격에 대해서 둔감해도 된다는 이야기는 아닙니다. 가격 경쟁과 가격 정책은 다릅니다. 상품의 가격을 책정하는 방법에는 여러 가지가 있지만, 1인 기업에게 가장 중요한 한 가지만 말씀드리겠습니다.

전문 식당에 가면 코스 요리가 있습니다. 여러분은 어떤 가격의 코스 요리를 선택하십니까? 대개는 무난한 중간 가격의 B 코스를 선택합니다. 마찬가지로 여러분이 가격을 책정하실 때 3단계로 나누어 가격대를 설정하시기 바랍니다. 비교적 저렴한 가격대, 중간 가격대 그리고 비싼 가격대. 이렇게 3단계로 가격대를 설정하면 중간 가격의 상품을 선택할 가능성이 큽니다.

이것은 매우 훌륭한 가격 정책입니다. 왜냐하면 고객에게 선택권을 주는 것이기 때문입니다. 가격이 하나만 제시되면 고객은 구매할 것인가 말 것인가, 두 가지 선택지밖에 없습니다. 이 경우에는 가격이 구매에 영향을 미치는 것이 아니라, 결과적으로 다른 요인이 구매에 영향을 미치게 됩니다. 그러나 세 가지 가격이 제시되면 고객은 선택의 폭이 넓어집니다. 그리고 가격이 그냥 (절대적인) 가격이 아니라 상대적인 가격이 되기 때문에, 가격이 구매의 결정적인 요인이 됩니다.

그러므로 가격을 세 가지 종류로 나누어 보십시오. 예컨대 소/중/대, 기본/표준/슈퍼, 염가/보통/특가로 나누는 겁니다. 아니면 A/B/C나 가/나/다도 좋습니다.

요점은 세 가지로 나누는 것입니다. 이 방법은 기업이 가격을 정하지만, 실제적으로는 고객이 스스로 가격을 결정한다는 느낌을 갖게 하는 심리적 요인이 작용합니다. 그래서 기업 중심이 아니라 고객 중심의 탁월한 가격 정책인 것입니다. 더 나아가서 구매 후에 더 비싼 상품을 구매하도록 유도할 수도 있습니다. 여기에 대해서는 뒤에서 말씀드리겠습니다.

그리고 제일 비싼 상품의 가격을 조금 과하다 싶을 정도로 높게 책정해 보십시오. 잘 안 팔리더라도 괜찮습니다. 여러분에게 손

해가 되지 않습니다. 오히려 고액의 상품 하나 있는 것이 여러분의 1인 기업의 이미지를 높여 줍니다. 그리고 이 고급 상품의 가격에 따라서 다른 상품의 가격도 결정됩니다. 중요한 것은 가격 경쟁을 하지 않는 것입니다. 그 대신 가격을 3단계로 차별화하고 비교적 높은 가격 정책을 유지함으로써, 가격을 내리는 것이 아니라 오히려 높은 가격으로 가격 경쟁을 하는 셈입니다.

생각해 보기

인 기업은 절대 가격 경쟁을 피해야 합니다.

02.
시장 세분화 및 표적 시장의 선정

마케팅에서 시장은 남대문 시장이나 동대문 시장 같은 장소를 말하는 것이 아닙니다. 시장은 고객으로 이루어집니다. 더 정확히 이야기하면 시장은 고객의 가치가 존재하는 곳입니다.

우리는 앞 장에서 고객의 가치를 조사했습니다. 그러나 그 고객 가치는 고객마다 다를 수가 있습니다. 그러면 우리는 어떤 고객을 대상으로 해야 할까요?

우리는 모든 고객의 가치를 만족시킬 수 없습니다. 우리가 만족시킬 수 있는 고객만을 선별해야 합니다. 이렇게 비슷한 가치를 가지고 있는 고객 집단을 '**세분 시장(Market Segment)**'이라고 부릅니다. 그리고 한 시장을 여러 개의 작은 시장으로 나누는 것을 '**시**

장 세분화(Market Segmentation)'라고 합니다.

그렇다면 어떻게 시장 세분화를 할 수 있을까요? 시장을 세분화하는 방법에는 크게 인구통계적, 심리적 그리고 행동적 세분화가 있습니다. 인구통계적 세분화는 고객의 나이, 성별, 소득, 직업 등을 기준으로 시장을 세분화하는 것입니다. 심리적 세분화는 고객의 라이프 스타일, 개성, 사회 계층 등을 기준으로 시장을 세분화하는 방법입니다. 그리고 행동적 세분화는 고객의 추구 편익, 사용 상황, 사용량, 상표 애호도 등을 기준으로 시장을 세분화하는 것입니다.

예를 들면, 화장품 시장은 고객의 나이에 따라 10대, 20~30대, 중년, 노년 여성을 위한 화장품 시장으로 나누거나 성별에 따라 여성 화장품과 남성 화장품 시장으로 나눌 수도 있을 것입니다(인구통계적 세분화). 또한 고객의 라이프 스타일에 따라 일반 화장품, 기능성 화장품, 간편 화장품, 여행용 화장품 시장 등으로 분류할 수도 있을 것입니다(심리적 세분화). 그리고 고객이 추구하는 편익에 따라 기초, 보습, 주름 방지, 햇빛 차단, 친환경 화장품 시장 등으로 나눌 수도 있을 것입니다(행동적 세분화).

이제 시장 세분화를 한 결과, 여러 개의 세분 시장이 만들어졌습니다. 그다음에는 이 중에서 우리 기업에 가장 적합한 세분 시장을 선정해야 합니다. 이렇게 선택된 시장을 **'표적 시장**(Target Market)'이라고 합니다. 즉 표적 시장은 우리 기업이 만족시키려고 하는 가치를 공유하고 있는 목표 고객 집단입니다.

앞의 화장품 시장을 예로 들면, 여행을 자주 가는 20~30대 여성을 대상으로 여행용 화장품 세트나 햇빛 차단 화장품 시장을 표적 시장으로 선택하거나 또는 피부 관리에 관심 있는 남성을 대상으로 직장이나 외부에서도 간단하게 피부 관리를 할 수 있는 간편 화장품 시장을 표적 시장으로 선정할 수 있을 것입니다. 그리고 노화가 시작되는 중년 여성을 대상으로 주름 방지용 기능성 화장품 시장을 표적 시장으로 선택할 수도 있을 것입니다.

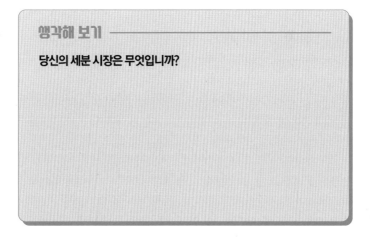

생각해 보기

당신의 세분 시장은 무엇입니까?

03.
초틈새시장으로 차별화하기

그러나 1인 기업은 이러한 단순한 세분 시장만으로는 부족합니다. 앞 절에서 설명한 것처럼 가격 경쟁에서 대기업이나 중소기업을 당해 낼 수 없기 때문입니다. 따라서 경쟁을 피하기 위해서 세분 시장을 가능한 데까지 더 작게 쪼개야 합니다. 이러한 규모가 작은 시장을 '**틈새시장(Niche Market)**'[2]이라고 합니다. 틈새시장은 동일한 고객을 놓고 직접 경쟁하지 않아도 되므로 가격 경쟁 면에서 보다 수월하며, 1인 기업에게 유리합니다. 즉 1인 기업은 대기업이나 중소기업이 관심을 가지고 있지 않은 틈새시장을 선점함으로써 이들과의 경쟁을 피할 수 있습니다.

---

2 틈새(Niche)는 본래 조각상이나 화병을 두기 위한, 벽의 움푹 들어간 곳을 말합니다.

그럼에도 불구하고 틈새시장만으로는 부족합니다. 다른 1인 기업과의 경쟁이 남아 있기 때문입니다. 즉 당신이 선점한 틈새시장에 다른 1인 기업이 진출할 수 있습니다. 게다가 경쟁 기업들이 당신이 피땀 흘려 차별화한 당신의 상품을 언제든지 모방하거나 복제할 수도 있습니다. 그리고 당신의 틈새시장에 매력을 느낀 대기업이나 중소기업이 진출할 가능성도 배제할 수 없습니다. 그러므로 경쟁자들이 따라오지 못하도록 가능한 한 더 멀리 더 멀리 나아가야 합니다. 달리 표현하면 틈새시장을 가능한 한 더 세분화함으로써 차별화를 시도해야 합니다.

이렇게 더 이상 세분할 수 없을 정도로 작아진 시장을 '**초틈새시장**(Micro Niche Market)'이라고 합니다. 이를 강조하기 위하여 10억 분의 1을 뜻하는 나노(Nano)라는 개념을 도입하여 '나노시장(Nano Market)'이라고도 표현할 수 있겠습니다.

앞의 화장품 시장을 예로 들면, 민감성 피부 때문에 일반 화장품을 사용할 수 없는 여성, 고액의 화장품 가격에도 기꺼이 구매 버튼을 누르는 소득이 높은 여성, 친환경 화장품에 관심이 높은 여성, 한방 화장품을 선호하는 여성, 30대 전문직 여성을 대상으로 한 기능성 화장품 시장을 초틈새시장으로 선택할 수 있을 것입니다.

여기서 '연습 문제' 하나 풀어 볼까요? 여러분이 1인 기업으로 전문 식당을 시작하려고 합니다. 시장 세분화를 통해 가능한 한 작은 초틈새시장을 만들어 보시기 바랍니다(초틈새시장을 이해하기 위한 연습이므로 사업의 현실성은 고려하지 마십시오.)

〈연습 문제〉

여성 → 40대 → 싱글 → 채식주의자 → 혼식 → 토요일에만 오픈 → 점심만 → 사찰 음식 → 순나물 콩죽 → 전문 식당 → 회원제

이쯤에서 제가 자주 듣는 말이 있습니다. "그런데, 그렇게 작은 초틈새시장에서 어떻게 수익을 창출할 수 있을까요?" 그렇습니다. 초틈새시장은 시장 규모가 작기 때문에 성장하는 데 한계가 있을 수 있습니다. 하지만 경쟁은 피할 수 있습니다. 기억하십시오. 초틈새시장이 작으면 작을수록 (가격) 경쟁으로부터 멀어집니다. 안전합니다. 1인 기업가로서 실패할 확률이 낮아집니다.

세상은 본래 불공평한데 어떤 면에서는 공평하기도 합니다. 자

본을 별로 안 들이는 1인 기업으로 떼부자가 되려는 것은 지나친 욕심 아닐까요? 내가 좋아하는 일을 하면서 최소한의 경제적 자유를 획득하는 것이 1인 기업의 목표입니다. 음식점을 해서 아주 많이 돈을 벌려면 자본을 많이 들여 큰 프랜차이즈 식당을 해야겠지요. 하지만 매일 그 일에 매여 있어야 할 겁니다. 경제적 자유는 얻을 수 있겠지만 개인적 자유는 얻기 힘들 것입니다. 앞서 예로 든 연습 문제의 식당은 토요일 점심때만 일하면 됩니다. 주중에는 직장을 다니든지 또 다른 일을 해도 되겠지요. 1인 기업은 내가 좋아하거나 잘하는 일을 하면서 동시에 최소한의 경제적 자유와 삶의 여유를 얻는 일입니다. 오랫동안 행복하기 위해서! 이를 위한 차별화 전략 중의 하나가 바로 초틈새시장입니다.

생각해 보기

당신의 초틈새시장은 무엇입니까?

블루오션으로 차별화하기

또 하나의 차별화된 시장을 창출하는 방법이 바로 **'블루오션 전략(Blue Ocean Strategy)'**입니다. 그렇다면 블루오션은 무엇일까요? 반대로 생각해 보면 이해하기 쉽습니다. 레드오션은 경쟁자가 많아서 서로 피 터지게 경쟁을 하다 보니 빨간색으로 오염된 시장입니다. 경쟁이 치열해서 피아가 모두 피를 흘려야 하는 시장입니다. 한마디로 유혈 시장입니다. 이런 시장에 들어가야 할까요? 반대로 블루오션은 경쟁이 존재하지 않아 아직 오염되지 않은 시장입니다. 청정지역입니다. 물론 언젠가 블루오션도 경쟁자가 몰려와서 레드오션이 되겠지만요.

그렇다면 어떻게 블루오션을 창출할 수 있을까요? 블루오션 전략은 경쟁에서 이기는 것이 아니라(!), 경쟁이 없는 새로운 시장을 만드는 것입니다. 블루오션 전략에서 중요한 것은 '가치 혁신'입니다. 가치 혁신이 블루오션의 토대를 이룹니다. 그러므로 블루오션을 창출하려면 먼저 가치 혁신을 이루어야 합니다. 가치 혁신은 고객에게 지금까지 없던 새로운 가치를 제공하는 것입니다. 그 결과 경쟁이 없는 새로운 시장이 만들어지는 것입니다.

가치 혁신을 이루는 방법에는 여러 가지가 있습니다. 맨 먼저 고려해야 할 점은 '비고객'에게 관심을 갖는 것입니다. 비고객은 현재 상품이나 서비스를 전혀 사용하지 않는 사람들을 말합니다. 비사용자라고도 할 수 있습니다. 이러한 비고객을 고객으로 만드는 방법은 우선 왜 그들이 기존 시장의 상품이나 서비스를 이용하지 않는지 그 이유를 알아내는 것입니다. 그런 다음 이용에 장애가 되는 원인을 제거하고 비고객이 관심을 가질 만한 새로운 가치를 제공해야 합니다. 그러면 비고객을 새로운 고객으로 만들 수 있습니다. 즉 새로운 시장(블루오션!)을 창출할 수 있습니다.

이 밖에도 가치 혁신을 통해 새로운 시장을 창출하는 방법에는 여러 가지가 있습니다. 첫째, 고객이 자사 상품이 아니라 대체품을 선택하는 이유를 생각한다(대체 산업 관찰). 둘째, 고객이 타사 상품을 선택하는 이유를 생각한다(업계 전략 집단 관찰). 셋째, 구입하는 사람이나 조직에 영향을 주는 이해관계자에 눈을 돌린다(구매자 집단 관찰). 넷째, 함께 구입하는 상품이나 서비스가 있는지 확인하고 자사에서 제공할 수 있는지 확인한다(보안 서비스 상품 관찰). 다섯째, 기능과 감성 중 어느 것이 고객에게 어필하고 있는지를 파악한 후 전환한다(상품의 기능적 및 감성적 성향의 전환). 여섯째, 미래의 변화를 내다본다(미래 전망). 이러한 방법을 소위 '6가지 통로'라고 합니다. 한마디로 자사가 속해 있는 업계의 통념을 벗어나거나 타사가 놓치고 있는 부분에 신경을 기울이는 방법입니다. 이 6가지 방법을 사용하면 새로운 시장을 창출할 수 있는 실마리를 발견할 수 있습니다.

물론 새로운 시장을 창출하기란 쉬운 일이 아닙니다. 그러나 일단 새로운 시장을 창출하면 그 시장을 선점하는 것이 됩니다. 새로운 시장에는 경쟁자가 없으므로 결과적으로 시장을 독점(!)하는 것이나 마찬가지입니다. 그래서 앞에서 블루오션 전략은 경쟁에서 이기는 전략이 아니라, 경쟁이 없는 시장을 만드는 전략이라고 말씀드린 것입니다.

이렇게 블루오션으로 시장을 선점하면 어떤 효과가 있을까요?

물론 많은 이익을 낼 수 있습니다. 그러나 더 중요한 것은, 알 리스와 잭 트라우트(Al Ries & Jack Trout)가 그들의 명저 『마케팅 불변의 법칙』에서 이야기한 것처럼, 그 시장의 선도자가 될 수 있습니다. 사람들은 1등은 기억하지만 2등은 기억하지 못하기 때문입니다. 선도자가 되면 그 제품이나 서비스가 고객들의 마음속에 각인이 됩니다. 그러면 결과적으로 브랜드가 될 수 있습니다. 그리고 이렇게 브랜드가 되면 나중에 시장에 진입하는 경쟁자의 모방을 방지할 수 있습니다. 차별화를 유지할 수 있는 것입니다.

참고로 이 블루오션 전략은 프랑스 인사이드 경영대학원의 김위찬 교수와 르네 마보안(Renée Mauborgne) 교수가 제안했습니다. 대다수의 마케팅 전략이 외국 학자들에 의해 만들어졌는데 우리 한국 학자가 있어 자부를 갖게 됩니다.

생각해 보기

당신의 블루오션 전략을 생각해 보세요.

05.
정리하기

1인 기업은 가격 경쟁을 피해야 합니다. 왜냐하면 가격 경쟁을 할 만큼 자금의 여력이 없기 때문입니다. 그러므로 가격 경쟁이 아니라 다른 방법으로 경쟁을 해야 합니다(비가격 경쟁).

우리는 1인 기업이기 때문에 전체 고객을 대상으로 할 수 없습니다. 우리에게 맞는 시장을 선택해야 합니다. 더 정확히 말하면 우리에게 맞는 시장을 '독점'해야 합니다. 기업에게 독점이란 단어보다 매력적인 단어는 없습니다. 일반적으로 독점이라고 하면 부정적인 의미를 갖습니다. 하지만 우리는 전체 시장을 독점하려는 것이 아닙니다. 이것을 불법이고 불가능합니다. 우리는 우리에게 맞는 초미니 시장을 독점하려는 것입니다.

　여기에는 두 가지 방법이 있습니다. 하나는 새로운 시장을 창출하여 독점(!)하는 방법이고(블루오션 전략), 다른 하나는 기존의 시장 중에서 우리에게 맞는 초미니 시장을 선점(!)하는 방법입니다(초틈새시장 전략). 이렇게 새로운 시장을 만드는 것은 쉬운 일이 아니지만, 1인 기업이 경쟁을 피하고 차별화할 수 있는 아주 매력적인 방법입니다.

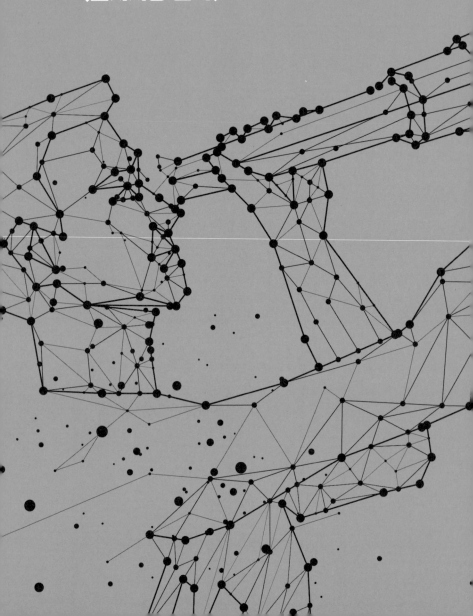

4장.
콘셉트로 차별화하기
(포지셔닝 전략)

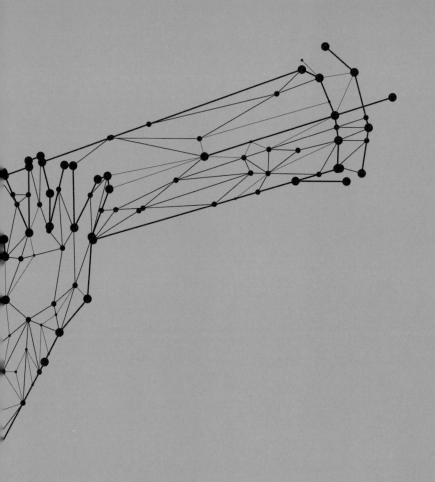

"완전히 새롭고, 완전히 다른, 빅 아이디어를 찾아

유일한 존재로 시장을 장악하라!"

− 빌 비숍

프롤로그에서 말씀드린 바와 같이, 콘셉트(Concept)는 앞부분에서 살펴본 '내용의 차별화'(가치의 차이)와 뒷부분에서 살펴볼 '전달의 차별화'(인식의 차이)를 연결하는 다리입니다. 즉 지금까지 살펴본 '나의 강점', '고객의 가치', '초틈새시장'을 한 단어로 요약한 것이 바로 콘셉트입니다. 그리고 이 콘셉트를 가지고 앞으로 고객에게 전달할 메시지, 즉 콘텐츠를 차별화하고 또한 전달하는 매체인 SNS를 차별화할 것입니다.

이번 장에서는 먼저 지금까지 살펴본 나의 강점, 고객의 가치, 초틈새시장이 어떻게 콘셉트로 요약되는지를 살펴볼 것입니다. 그다음에는 콘셉트는 무엇인지 그리고 어떻게 콘셉트로 차별화할 수 있는지를 알아볼 것입니다. 마지막에는 콘셉트를 소비자의 마음속에 자리잡게 만드는 활동인 포지셔닝에 대해서 살펴보겠습니다.

01.
1인 기업의 삼원색

여러분! 지금까지 따라오느라고 수고하셨습니다. 이제 중간 단계에 도달했습니다. 여기서 잠깐 멈춰서 뒤를 돌아볼까요?

우리는 지금까지 어떤 길들을 달려왔습니까? 우리는 먼저 1인 기업의 '나의 강점'에서 출발했습니다. 다음에는 '고객의 가치'에 대해서 알아보았습니다. 그리고 '초틈새시장'을 살펴보았습니다. 이제 이 세 가지를 모두 고려해야 할 시간입니다.

이것을 그림으로 나타내면 다음 〈그림 6〉과 같습니다.

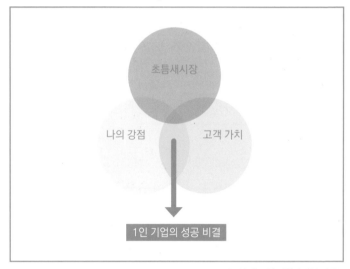

여러분, 초등학교 때 배웠던 삼원색 생각나십니까? 색의 삼원색
과 빛의 삼원색이 있는데, 빨간색, 녹색, 파란색을 빛의 삼원색이
라고 합니다. 이 세 가지 색을 조합하면 어떠한 색이라도 만들어
낼 수 있습니다. 이런 식으로 두 가지 원색을 혼합하여 생기는 색
을 2차 색이라고 합니다. 그리고 세 가지 원색을 모두 섞으면 흰
색이 됩니다.

1인 기업에는 '나의 강점', '고객 가치', '초틈새시장(또는 블루오션)'
이 빛의 삼원색입니다. 이 세 가지가 가장 중요한 요인이고, 어떻

90

게 조합하느냐에 따라 여러 형태의 1인 기업이 가능하기 때문입니다. 그렇다면 가장 중요한 조합은 무엇이겠습니까? 그렇습니다. 이 세 가지를 모두 고려한 가운데 중심입니다. 빛의 삼원색으로 말하면 흰색입니다.

〈그림 6〉에서 세 원이 만나는 곳이 바로 '1인 기업의 성공 요인'입니다!

> ### 생각해 보기
> **당신의 1인 기업의 성공 요인을 생각해 보세요.**

02.
콘셉트로 차별화하기

앞서 언급한 '1인 기업의 성공 요인'을 한마디로 표현하면 그것이 바로 콘셉트입니다(《그림 7》).

일반적으로 콘셉트는 우리말로 개념이라고 합니다. 그러나 '콘셉트'는 그냥 개념이 아니라 이야기하는 사람의 의도가 들어간 개념입니다. 즉 콘셉트는 '의도된 개념'입니다. 예를 들어, 의자의 사전적 정의(개념)는 '사람이 앉는 데 쓰는 가구'입니다. 하지만 여기에 만든 사람의 의도가 들어가면, 여러 가지 의자가 가능합니다. 예컨대, 등받이가 편한 의자, 푹신푹신한 의자, 디자인이 멋진 의자, 바퀴가 있어서 이동이 가능한 의자, 등받이나 팔걸이가 없어서 공간을 최소한으로 차지하는 의자, 접어서 갖고 다니기 편한 의자, 안락의자, 흔들의자 등입니다. 이러한 모든 것이 콘셉트입니다.

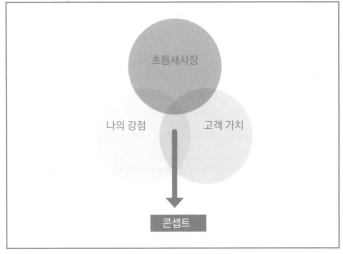

〈그림 7〉 1인 기업의 콘셉트

한마디로, 콘셉트란 당신이 고객에게 이야기하고자 하는 것을 하나의 단어로 표현한 것입니다. 즉 기업이 고객에게 어필(소구)하고 싶은 가장 중요한 핵심 키워드입니다. 물론 이때는 내가 강조하고 싶은 것만이 아니라, 고객이 중요하게 생각하는지도 고려해야 합니다.

그렇다면 콘셉트는 어떻게 만들 수 있을까요? 우선 여러분이 고객에게 전달하고 싶은 내용을 자세히 적어 보십시오. 양이 많아도 괜찮습니다. 그다음에는 이 내용을 한 문장으로 표현해 보십시오. 그리고 나서 이 문장을 가능한 한 간단한 단어로 고쳐 보십시오. 그러면 이 키워드가 여러분의 콘셉트가 됩니다.

다음 사례는 이러한 과정을 잘 보여 줍니다. 한 1인 기업가가 컴퓨터 교육 사업을 하려는 목표를 가지고 있었습니다. 그런데 자신의 생각보다 많은 노년층이 컴퓨터에 익숙하지 못하며 컴퓨터에 두려움을 가지고 있다는 사실을 발견했습니다. 그래서 그는 자신의 관심을 이렇게 적어 보았습니다. '나는 노인들에게 컴퓨터에 대한 두려움을 완화시켜서 컴퓨터로 일하는 가치와 이점을 인식하게 만들고 싶다.' 그다음에 이 내용을 한 문장으로 표현해 보았습니다. '나는 노인들에게 컴퓨터 활용 방법을 쉽게 가르치고 싶다.' 그리고 나서 이 문장을 간단한 단어로 고쳐 보았습니다. '노인을 위한 컴퓨터 교육.'

잠시 하던 일을 멈추고 지금 여러분의 콘셉트를 다시 한 번 점검해 보시기 바랍니다. 이렇게 콘셉트는 여러분의 사업이 성공적인 방향으로 가고 있는지 점검하는 열쇠가 됩니다. 콘셉트는 우리가 지금까지 살펴본 여러 가지 전략을 하나로 표현한 것이며, 또한 앞으로 살펴볼 콘텐츠(메시지) 전략 및 SNS 전략의 토대가 됩니다.

생각해 보기

당신의 콘셉트는 무엇입니까?

03.
브랜드 네이밍으로 차별화하기

내가 그의 이름을 불러주기 전에는

그는 다만

하나의 몸짓에 지나지 않았다.

내가 그의 이름을 불러 주었을 때

그는 나에게로 와서

꽃이 되었다.

내가 그의 이름을 불러 준 것처럼

나의 이 빛깔과 향기에 알맞은

누가 나의 이름을 불러 다오.

그에게로 가서 나도

그의 꽃이 되고 싶다.

우리들은 모두

무엇이 되고 싶다.

너는 나에게 나는 너에게

잊혀지지 않는 하나의 눈짓이 되고 싶다.

김춘수 시인의 「꽃」이라는 시입니다. 브랜드 마케팅 입장에서 이 시를 해석하면, 이름이 없는 상품이나 서비스는 아직 존재하지 않는 것과 같습니다. 모든 상품이나 서비스는 이름을 갖게 될 때 자신의 정체성을 갖게 됩니다.

콘셉트는 아직 당신의 머릿속에 있는 아이디어입니다. 이것은 세상으로 나와서 고객에게 표현되어야 합니다. 그래야 고객이 당신의 상품이나 서비스가 어떤 것인지 알 수 있습니다. 즉 당신의 상품이나 서비스는 '이름'이 있어야 합니다. 이것이 '**브랜드 네이밍**(Brand Naming)'의 역할입니다.

브랜드 네임이 얼마나 멋있는가는 그다지 중요하지 않습니다. 고객들이 그것을 얼마나 잘 기억하느냐가 더 중요합니다. 이것이 브랜드 네이밍의 핵심입니다. 그렇다면 어떻게 기억하기 좋은 이름을 만들 수 있을까요?

그 답은 바로 위에 있습니다. 1인 기업의 삼원색으로부터 도출된 '콘셉트'입니다. 당신의 강점, 고객의 가치 그리고 초틈새시장으로부터 도출된 콘셉트입니다. 그 콘셉트로부터 당신의 브랜드 네임을 만들어 보십시오.

예를 들어 보겠습니다. C는 세무사입니다. 이분은 주로 개인 병원을 대상으로 세무 업무를 담당했습니다(틈새시장을 개척한 셈입니다). C는 대개 동네 의사들이 신고 마감일이 다 되어서야 세무 업무를 의뢰한다는 것을 발견했습니다. 그리고 전에 대형 세무 사무소에서 근무할 때 자신이 다른 동료들보다 일 처리가 빠르다는 사실을 알았습니다. 그래서 24시간 안에 세무 신고를 대행해 주는 특별 서비스를 개발했습니다. 이름이 뭐냐고요? '스피드세무24'입니다. 물론 일반 세무 업무보다 요금이 비싸지요.

1인 기업은 당신이 상품이기도 합니다. 그러므로 당신도 이름이 있어야 합니다. 즉 브랜드 네임이 있어야 합니다. 그래야 홍보가 됩니다. 앞에서 말씀드린 상품이나 서비스의 브랜드 네임과 마찬가지로, 당신 자신의 강점과 고객의 가치 그리고 초틈새시장, 이세 가지를 고려하여 당신의 브랜드 네임을 만들면 됩니다. 편하게 당신의 명함에 '나의 직업을 무엇이라고 표현할까?'라고 생각하시면 됩니다. 앞에서 예로 든 세무사분은 자신의 업무와 연결될 수 있도록 자신의 브랜드 네임을 '스피드 세무사'라고 지었습니다.

브랜드 네임은 오래 기억될 수 있어야 합니다. 한 가지 추가할 것은 누구나 이해하기 쉬워야 한다는 것입니다. 그러기 위해서 브랜드 네임은 짧고 간단해야 합니다.

생각해 보기

당신의 이름은 무엇입니까?

04.
포지셔닝으로 차별화하기

'포지셔닝(Positioning)'은 표적 시장의 고객의 마음속에 우리 상품의 차별점을 인식시키려는 활동을 말합니다. 자동차로 예를 들면, 벤츠나 캐딜락은 고급스러운 차로, BMW나 포르셰는 성능이 좋은 차로, 닛산이나 현대는 경제성이 좋은 차로 고객의 마음속에 자리매김하는 것입니다. 즉 자사의 차별점을 근거로 고객이 자사의 상품을 정의하도록 만드는 것입니다.

그렇다면 포지셔닝은 고객의 마음속에 무엇을 자리매김하는 것입니까? 그렇습니다. 바로 우리 상품의 차별점, 곧 우리 상품의 '콘셉트'를 인식시키는 것이나 마찬가지입니다! 즉 포지셔닝은 고객이 우리 상품의 차별점인 콘셉트를 인식하도록 만드는 전략입니다. 그래서 콘셉트와 포지셔닝이 중요한 것입니다. 앞서 예로 든 고급스러운 차, 성능이 좋은 차, 경제성이 좋은 차 등이 바로 콘셉트입니다. 그리고 고객의 마음속에 이러한 콘셉트(차별점)를 인식시키는 활동이 바로 포지셔닝입니다.

자, 이제 '포지셔닝 맵(Positiong Map)'을 통해서 여러분의 포지셔닝을 점검해 보시기 바랍니다.

포지셔닝 맵은 일종의 지각도(Perceptual Map)인데, 고객들이 여러분의 상품을 어떻게 지각하고 있는지를 2차원이나 3차원 공간에 그림으로 나타낸 것입니다. 예를 들어, 〈그림 8〉은 국내 스포츠화 시장에 대한 포지셔닝 맵을 보여 줍니다. 이를 보면 고객들은 아디다스 또는 뉴발런스를 매우 비슷하다고 느끼는 반면에, 나이키와 휠라는 별로 비슷하지 않다고 느끼고 있음을 알 수 있습니다. 그러므로 아디다스는 나이키보다 뉴발런스를 더 경계해야 할 겁니다.

이 포지셔닝은 기업의 마케팅에서 매우 중요합니다. 왜냐하면 포지셔닝은 제품, 가격, 촉진, 유통 등의 소위 4P라고 하는 마케팅 믹스(Marketing Mix) 활동을 위한 토대가 되기 때문입니다. 그러므

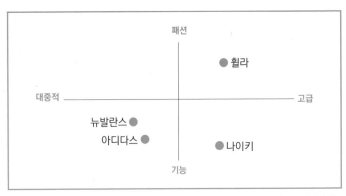

〈그림 8〉 국내 스포츠화의 포지셔닝 맵

로 기업의 모든 마케팅 활동은 포지셔닝을 지원해야 합니다. 이렇게 함으로써, 결과적으로 자사의 제품이 경쟁사의 제품과 상대적으로 차별화가 되며, 궁극적으로 경쟁우위를 얻게 되는 것입니다.

생각해 보기

당신의 포지셔닝 맵을 그려 보세요.

05.
정리하기

빛이나 색의 삼원색처럼, 1인 기업에서는 '나의 강점', '고객의 가치', '초틈새시장(또는 블루오션)'이 가장 중요한 요인입니다. 이는 1인 기업의 성공 요인입니다. 이 세 가지를 한마디로 표현한 것이 바로 콘셉트입니다. 여러분이 고객에게 이야기하고자 하는 것을 하나의 단어로 표현한 것입니다. 즉 1인 기업이 고객에게 어필(소구)하고 싶은 핵심 키워드입니다. 이 콘셉트가 앞으로 살펴볼 콘텐츠로 표현되고 SNS를 통해서 고객에게 전달되는 것입니다.

콘셉트는 우리 상품이나 서비스의 차별점입니다. 이 콘셉트는 경쟁 기업과의 차별점으로 고객에게 인식되어야 합니다. 그래야 차별화가 가능합니다. 이렇게 고객의 마음속에 우리의 차별점인 콘셉트를 자리 잡도록 하는 행동(전략)이 바로 포지셔닝입니다. 이 포지셔닝은 기업의 마케팅 활동에서 매우 중요합니다. 왜냐하면 제품, 가격, 촉진, 유통 등 소위 4P라고 하는 마케팅 활동을 위한 토대가 되기 때문입니다.

5장.
콘텐츠로 차별화하기
(커뮤니케이션 전략)

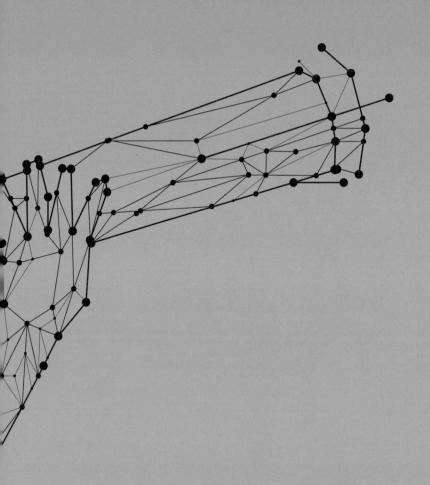

"먼저 이야기를 만들어야 이야기를 팔 수 있다."

– 베스 콤스톡

이제 우리의 콘셉트를 고객에게 전달할 시간입니다. 그렇다면, 어떻게 고객에게 우리의 가치를 전달하고 고객과 소통할 수 있을까요? 이를 위해서 육하원칙을 이용해 보겠습니다. 이 중에서 우리에게 중요한 것은 '누구에게, 무엇을, 어디에서, 어떻게 전달할 것인가?'입니다.

우선 '누구에게'는 핵심 고객을 말합니다. 하지만 단지 핵심 고객을 말하는 것이 아니라, 어떤 고객을 가리키는지 구체적인 고객의 프로필이 있어야 합니다. 이 고객 프로필은 우리가 콘텐츠를 전달하는 대상인 핵심 고객의 페르소나 또는 아바타로 구체화되어야 합니다.

다음, '무엇'은 앞 장에서 살펴본 콘셉트를 바탕으로 고객에게 제안하는 가치입니다. 이 가치 제안은 고객에게 전달하는 콘텐츠로 표현되어야 합니다. 말 그대로 콘텐츠는 고객에게 전달하는 내용입니다. 이 내용을 어떻게 표현하고 전달할 것인가에 해당하는 것이 바로 '어떻게'입니다. 이번 장에서는 콘텐츠에 대해서 살펴보겠습니다.

마지막으로 '어디에서'는 이 핵심 고객에게 콘텐츠를 전달하는 매체나 채널을 가리킵니다. 1인 기업에서는 주로 인터넷과 SNS를 통해서 고객에게 콘텐츠를 전달합니다. 이에 대해서는 다음 장에서 살펴보겠습니다.

01.

페르소나/아바타

모든 사람이 당신의 고객이 될 수는 없습니다. 1인 기업에는 더욱 그러합니다. 이러한 이유에서 우리는 2장에서 고객의 가치를 이해했고, 3장에서는 시장을 초세분화했습니다. 이제 그 자료를 바탕으로 핵심 고객을 선정해야 합니다. 구체적으로 우리의 핵심 고객이 누구인지 그리고 어떤 사람인지를 그 핵심 고객의 프로필을 통해 확정하는 것입니다.

핵심 고객의 프로필은 마케팅에서 가장 중요하다고 해도 과언이 아닙니다. 왜냐하면 핵심 고객을 잘못 설정할 경우 엉뚱한 사람과 대화를 하고 마니까요. 따라서 핵심 고객의 프로필을 확정하려면, 먼저 하나의 질문을 만들어야 합니다.

"내가 소통하려는 핵심 고객은 누구인가?"

이 질문에 대한 답인 '단 한 사람'의 구체적인 핵심 고객이 바로 '페르소나(Persona)' 혹은 '아바타(Avatar)'입니다.

주지하다시피 페르소나는 한 인물의 실제 성격과 다른, 타인의 눈에 비치는 모습을 말하는 심리학 용어입니다. 영화 제목이기도 한 아바타는 온라인이나 가상현실에서 개인의 역할을 대신하는 캐릭터를 말합니다. 마케팅에서 페르소나 또는 아바타는 핵심 고객을 대표하는 전형적인 하나의 개인을 말합니다.

이렇게 우리는 구체적인 한 개인을 상정하고 이 핵심 고객과 마케팅 커뮤니케이션을 하는 것입니다. 그래야만 마케팅 활동을 해나가는 과정에서 길을 잃지 않습니다. 만약 이러한 페르소나나 아바타가 없다면 또는 잘못 선정을 한다면, 마케팅 결정이 필요한 순간마다 엉뚱한 고객과 소통을 하게 되는 것입니다. 배가 산으로 가는 격이지요. 그 결과는 물론 실패입니다. 이것이 페르소나 혹은 아바타의 역할입니다.

그렇다면 어떻게 자신의 페르소나나 아바타를 찾을 수 있을까요? 이를 위해서는 2장에서 얻은 고객 조사와 고객의 필요 및 욕구 결과를 바탕으로 아래와 같은 질문을 스스로에게 던져야 합니다.

1. 페르소나/아바타는 몇 살인가?

2. 남자인가 여자인가?

3. 결혼을 했는가?

4. 아이는 있는가?

5. 직업은 무엇인가?

6. 소득은 어느 정도인가?

7. 무엇을 좋아하는가?

8. 싫어하는 것은 무엇인가?

9. 취미는 무엇인가?

10. 여가 시간에 무엇을 하는가?

11. 추구하는 가치는 무엇인가?

12. 지금 어떤 상황에 처해 있는가?

13. 지금 필요한 것은 무엇인가?

14. 지금 힘들어 하는 일은 무엇인가?

15. 지금 해결해야 할 문제는 무엇인가?

16. 어떤 유형의 콘텐츠를 좋아하는가?

17. 어떤 매체를 주로 사용하는가?

이 질문들에 대한 답이 바로 당신의 페르소나 아바타에 대한 프로필, 곧 신상명세서입니다. 여기에 상상력을 발휘하여 당신의 전형적인 핵심 고객을 정의해 보시기 바랍니다. 아래 예시를 참조하면 도움이 될 것입니다.

나의 페르소나/아바타:

나의 페르소나/아바타는 32세의 남자이다. 그는 아직 미혼이고 취직한 지 얼마 안 되는 사회 초년생으로 직업은 회사원이다. 소득은 월 250만 원이다. 그는 부모님으로부터 독립하여 회사 근처의 원룸에서 생활하는데, 월세와 생활비 등을 제외하면 재정적으로 그리 넉넉하지 않다. 하지만 소확행을 추구하기 때문에 가능한 한 지금의 자신에 만족하며 생활하려고 노력한다. 그의 취미는 게임이다. 게임을 하지 않을 때는 주말에 자전거 타며 시간을 보낸다. 현재 그의 고민은 회사를 옮기는 것이다. 왜냐하면 지금 하는 일이 적성에 잘 맞지 않기 때문이다. 그래서 잡코리아 등의 취업 플랫폼을 통해서 이직할

곳을 알아보고 있다. 그가 좋아하는 콘텐츠는 웹툰이며, 주로 네이버 블로그와 유튜브 그리고 인스타그램을 사용한다.

자, 이 사람이 바로 당신과 소통할 파트너입니다. 당신 고객의 페르소나 혹은 아바타입니다. 이제 이 페르소나 혹은 아바타에게 생명을 불어넣기 위해서 이름을 부여하십시오. 그리고 그(녀)의 얼굴, 곧 비주얼을 추가해 보세요. 가장 좋은 방법은 당신이 알고 있는, 실존하는 한 사람을 선택하는 것입니다. 그런 실존 인물이 없다면 인터넷에서 당신의 페르소나나 아바타에 가장 적합한 개성을 가진 연예인의 사진을 골라 보는 것도 한 방법입니다. 이렇게 하면 당신의 핵심 고객은 실제 살아 있는 전형적인 한 개인이 되고, 앞으로 여러분은 그(녀)와 더 정확하고 생생하게 커뮤니케이션을 할 수 있을 것입니다.

물론 당신의 상품이나 서비스가 달라지면 그때마다 거기에 적합한 고객 페르소나나 아바타를 새로 설정해야 합니다. 하지만 우리는 1인 기업이고 현재는 한 가지 상품이나 서비스만 취급한다는 전제하에, 한 명의 페르소나/아바타만 설정하는 것이 좋습니다.

당신의 페르소나/아바타는 누구입니까?

02.
마케팅 퍼널

마케팅의 목적은 고객과 상호 호혜적인 관계를 맺는 것입니다. 이 과정에서 마치 여행을 하는 것처럼, 고객도 나름대로 여정을 거치게 됩니다. 즉 고객은 서로 낯선 사람에서 우리 기업이나 상품을 알게 되면서 잠재 고객이 되고, 다시 잠재 고객에서 구매 가능성을 가진 고객이 되고, 실제로 구매를 하게 되면 최종 고객이 됩니다. 물론 이 고객이 우리의 충성 고객이 될 수 있다면 너무 감사한 일이지요. 이것을 고객 여정이라고 합니다.

이러한 고객 여정을 **'마케팅 퍼널(Markting Funnel)'**이라고 합니다. 퍼널은 우리말로 깔때기라고 합니다. 마케팅 퍼널이라고 하는 이유는, 고객 여정이 위에서 아래로 내려갈수록 좁아지는 깔대기의 모양을 닮았기 때문입니다. 즉 고객을 위에서 아래 단계로 이동시키는 것이 어렵기 때문에 깔때기 모양처럼 비유적으로 표현한 것입니다.

일반적으로 마케팅 퍼널은 상부 퍼널(Top of Funnel: TOFU), 중간 퍼널(Middle of Funnel: MOFU), 하부 퍼널(Low of Funnel: LOFU)의 세 단계로 구성됩니다.

먼저 '상부 퍼널'은 기업의 마케팅 활동을 통하여 고객이 해당 제품이나 서비스를 알게 되는 단계입니다. 이것을 인지(Awareness) 단계라고 합니다. '중간 퍼널'은 고객이 여러 제품이나 서비스의 특성 및 장단점 등을 비교하여 평가하는 단계입니다. 이것을 평가(Evaluation) 단계라고 합니다. 그리고 마지막 '하부 퍼널'은 고객이 최종적으로 제품이나 서비스를 구매하는 단계입니다. 이것을 구매(Purchase) 단계라고 합니다.

이것을 그림으로 나타내면 다음 〈그림 9〉와 같습니다.

마케팅 퍼널의 한 단계에서 다음 단계로 고객이 이동할 수 있도록 지원하는 일이 바로 마케팅의 역할입니다. 따라서 마케팅 퍼널

〈그림 9〉 마케팅 퍼널

의 각 단계마다 고객에 대한 가치 제안과 콘텐츠와 채널이 달라져야 합니다. 이렇게 마케팅 퍼널의 역할은 매우 중요합니다.

이 장을 다 읽으신 후에 여러분만의 '나의 마케팅 퍼널'을 만들어 보시기를 강력히 추천합니다. 왜냐하면 구체적인 마케팅 퍼널은 기업, 고객, 상품 등에 따라 다르기 때문입니다.

한 가지 중요한 것을 부연하고 싶습니다. '5대 1의 법칙'이라는 것이 있습니다. 들어 보셨으리라 생각됩니다. 신규 고객 한 사람을 얻는 데 드는 비용이 기존 고객 한 사람을 유지하는 데 드는 비용의 5배라는 것입니다. 즉 기존 고객을 유지하는 것이 그만큼 중요하다는 이야기입니다.

'5대 1의 법칙'은 '마케팅 퍼널'과 연관됩니다. 즉 마케팅 퍼널이 기존 고객을 유지하는 최고의 방법이란 말입니다! 왜 그렇습니까? 매번 신규 고객을 개척하려고 노력할 필요 없이, 잠재 고객을 리드로 그리고 리드를 구매 고객으로 한 단계씩 이동시키면 되니까요! 물론 고객을 마케팅 퍼널에서 다음 단계로 이동시키는 일은 쉽지 않습니다. 그러나 매번 신규 고객을 획득하는 것보다는 훨씬 쉬운 일입니다. 이미 여러분과 고객 사이에 모종의 '관계'가 형성되었기 때문입니다. 데이트 상대를 매번 만나고 헤어지는 것이 아니라, 몇 번의 데이트 후 이제 썸을 타는 관계로 발전했으니까요. 이런 이유에서 앞으로 마케팅 퍼널에 깊은 이해와 관심을 기울이시기를 적극 권합니다.

생각해 보기

당신의 마케팅 퍼널을 만들어 보세요!

03.

가치 제안으로 차별화하기 _____

앞서 고객의 페르소나/아바타를 결정했고, 마케팅 퍼널을 살펴보았습니다. 이제 이를 고려하여 여러분의 페르소나/아바타에게 제안할 '가치 제안(Value Proposition)'을 결정할 시간입니다.

가치 제안은 고객의 필요와 욕구를 만족시키고자 기업이 제공하겠다고 약속한 가치를 말합니다. 즉 가치 제안은 고객이 당신의 제품과 서비스에서 기대할 수 있는 이점들을 요약 기술한 것입니다. 물론 이 가치는 경쟁사가 제공할 수 없는 자사만의 가치를 제공해야 합니다. 즉 경쟁사가 제공하는 가치와 차별화된 가치를 제공해야 합니다.

그런데 중요한 것은 이 가치 제안이 앞에서 살펴본 마케팅 퍼널의 각 단계마다 달라야 한다는 것입니다. 왜냐하면 각 단계마다 우리(상품이나 서비스)와 고객과의 관계가 다르기 때문입니다. 달리 표현하면 각 단계마다 고객 여정이 다르기 때문입니다.

예를 들어, 남녀가 처음 만나서 결혼까지 이르는 과정을 생각해 봅시다. 당신이 상대방에게 전달하는 가치 제안은 첫 만남, 썸, 연애, 결혼의 각 단계마다 달라야 할 것입니다. 처음 만나자마자 결혼을 제안하지는 않지 않습니까? 즉 단계마다 만나는 장소도 다르고, 복장도 다르고, 음식도 다르고, 대화의 내용도 다를 것입니다. 그럼에도 불구하고 대부분의 기업들이 첫 만남에서 잠재 고객에게 자신의 상품이나 서비스를 구매하라고 제안합니다. 다시 한번 강조하지만, 가치 제안은 당신의 고객이 현재 위치하고 있는 마케팅 퍼널의 각 단계마다 달라야 합니다.

마케팅 퍼널의 각 단계마다 『가치 제안』은 다음과 같은 역할을 수행해야 합니다.

① 상부 퍼널 - 인지를 용이하게 하는 가치 제안
② 중간 퍼널 - 평가를 용이하게 하는 가치 제안
③ 하부 퍼널 - 구매를 용이하게 하는 가치 제안

하나씩 살펴보겠습니다.

(1) 상부 퍼널: 인지를 용이하게 하는 가치 제안

상부 퍼널 단계에서 고객은 우리 상품이나 서비스의 존재 자체를 모릅니다. 그러므로 이 단계에서의 마케팅 목표는 우리 상품이나 서비스를 알리는 것입니다. 즉 미래에 우리의 고객이 될 수 있는 잠재 고객에게 우리 상품이나 서비스를 인지시키는 것입니다.

예전에는 기업의 상품이나 서비스를 알리기 위해서 광고를 했습니다. 광고가 자신의 상품이나 서비스의 인지도를 위한 가장 중요한 수단이었습니다. 하지만 중소기업이나 1인 기업은 TV나 신문 같은 대중매체에 광고를 할 수가 없었습니다. 그러나 다행히 세상이 변했습니다. TV나 신문을 보는 사람이 감소하고, 이에 따라 TV 광고나 신문 광고를 보는 사람도 적어지고 있습니다. 그리고 대중매체 대신에 인터넷과 소셜 미디어가 등장했습니다. 디지털 세상이 온 것입니다. 중소기업과 1인 기업에게는 자신의 상품이나 서비스를 알릴 수 있는 좋은 기회가 온 것이지요.

하지만 우리 제품이나 서비스를 그냥 알릴 수는 없습니다. 경쟁자도 채널도 많기 때문입니다. 또한 광고 메시지도 너무 많고 사람들이 너무 바쁩니다. 그러므로 잠재 고객이 우리 상품이나 서비스에 관심을 갖도록 하기 위해서는 무엇인가 가치가 있는 것을 제공해야 합니다. 어떻게요? 공짜로요. 잠재 고객에게 무엇인가 반대급부를 요구하면 부담스럽겠지요.

따라서 이 상부 퍼널 단계에서 중요한 것은 잠재 고객에게 가치 있는 것을 무료로(!) 제공함으로써, 우리 상품을 알리는 것입니다. 이러한 가치 제안을 **무조건적 가치 제안**이라고 합니다. 예를 들면, '챗GPT의 현재와 미래', '체중 감량 10가지 비법' 등의 유익한 정보나 팁을 무료로(!) 제공하는 것입니다. 그렇게 함으로써 미래의 구매 고객이 될 잠재 고객에게 일단 우리 상품이나 서비스의 존재를 인지시키는 것입니다.

여러분, '마중물'이란 말 들어 보셨죠? 저 어릴 때 저희 집에도 펌프가 있었습니다. 그런데 오래된 펌프는 물이 금방 나오지 않습니다. 그럴 때 물을 한 바가지 정도 부어 주면 새 물이 나오게 됩니다. 이처럼 펌프에서 물이 나오지 않을 때 물을 끌어올리기 위해서 붓는 물이 마중물입니다. 마케팅에서는 판매 촉진을 위해서 고객에게 제공하는 무료 쿠폰이나 마일리지 등이 마중물이라고 할 수 있습니다. 우리의 경우에는 무조건적 가치가 잠재 고객에게 우리 상품이나 서비스를 알리는 마중물인 셈입니다. 일종의 (좋은 의미의) 미끼라고 할 수 있겠습니다.

(2) 중간 퍼널: 평가를 용이하게 하는 가치 제안

중간 퍼널 단계의 마케팅 목표는 우리 상품이나 서비스를 알게 된 잠재 고객을 리드(Lead)로 전환하는 것입니다. 리드는 아직 우리 상품이나 서비스를 구매하지는 않았지만, 현재 우리 상품이나 서비스에 관심을 갖고 있고, 앞으로 구매 가능성이 있는 고객을 말합니다. 즉 자사의 상품이나 서비스에 관한 양식에 기입함으로써 자발적으로 개인 정보를 제공한 고객들입니다.

잠재 고객을 리드로 전환하기 위해서는, 잠재 고객의 문제 해결에 도움이 되는 가치를 제공해야 합니다. 그리고 그 대가로 잠재 고객의 연락처를 얻게 됩니다. 보통 연락처는 이메일 주소입니다. 이것을 '**조건적 가치 제안**'이라고 합니다. 즉 서로 가치가 있는 것을 교환하는 것입니다. 앞서 예로 든 남녀 관계로 이야기하면 첫 데이트에서 전화번호를 교환하는 것입니다.

연락처를 얻는 대가로 제공하는 가치로는 무료 보고서, PDF 요약본, 동영상, 사은품, 영업 자료 등을 들 수 있습니다. 잠재 고객이 자발적으로 이메일 등의 개인 정보를 제공함으로써, 우리는 잠재 고객에게 우리의 메시지를 보낼 수 있게 되었습니다. 그리고 조심스럽게 본격적인 관계를 맺게 되었습니다. 이 잠재 고객은 언젠가 우리 상품을 구매할 가능성을 가진 리드로 전환된 것입니다.

(3) 하부 퍼널: 구매를 용이하게 하는 가치 제안

하부 퍼널의 마케팅 목표는 구매 가능성이 있는 리드를 실제적인 구매 고객으로 전환하는 것입니다. 이렇게 하기 위해서는 고객들이 거부하기 힘든 가치를 제안해야 합니다. 가장 대표적인 것이 **'파격적인 할인 가치 제안'**입니다. 파격적인 할인 가치 제안의 목표는 수익 창출이 아니라, 구매 고객을 확보하는 것입니다. 이러한 가치 제안의 대표적인 예로는 할인된 종이책, 온라인 교육, 소프트웨어, 할인 쿠폰 등을 들 수 있습니다.

한 가지 유의할 것은 파격적 할인 가치 제안은 가격을 할인해 주는 가치 제안이 아닙니다. 여기서 '할인'이란 단지 가격을 싸게 파는 것을 의미하지 않습니다. 물론 할인을 하지만, 고객이 기대하는 것보다 더 많은 가치를 제공함으로써 상대적으로 고객이 가격 할인으로 느끼도록 하는 가치 제안입니다. 3장에서 "절대 가격 경쟁을 하지 마라!"라고 말씀드린 것 기억하십니까? 그렇습니다. 1인 기업은 가격 경쟁에서 살아남을 수 없기 때문에 어떤 일이 있어도 가격 경쟁을 피해야 합니다. 대신 더 많은 가치를 제공하는 것입니다. 이것이 파격적 할인 가치 제안의 핵심입니다.

마지막으로 한 가지 부연하겠습니다. 이것은 당연한 것이면서도 막상 많은 기업이 제대로 실행하지 못하는 것입니다. 바로 기업이 제공하는 가치는 고객이 지불할 가격 이상이어야 한다는 것입니다. 즉 고객이 기대하는 가치보다 더 많은 가치를 제공해야 합니다. 그래야 실제적인 구매로 이어집니다. 이것은 여러분이 제공하는 제품이나 서비스의 품질이 좋아야 한다는 것 이상을 의미합니다. 여러분이 다른 경쟁자보다 더 많은 가치를 제공해야 한다는 의미입니다. 그 가치 제안을 여러분의 콘텐츠로 표현해야 합니다. 그것이 바로 다음 절의 내용입니다.

04.
콘텐츠로 차별화하기

가치 제안을 고객이 이해할 수 있도록 풀어서 표현한 것이 바로 **'콘텐츠(Contents)'**입니다. 한마디로, 콘텐츠는 여러분이 고객에게 하고 싶은 말입니다. 예를 들면, "우리 제품이 이렇게 좋습니다. 한 번 사용해 보십시오. 절대 후회하시지 않을 겁니다." 이런 말들입니다. 콘텐츠는 말 그대로 고객에게 전달하고 싶은 내용입니다.

그런데, 대부분의 사람들이 자기가 하고 싶은 말만 하려고 합니다. 상대방이 듣고 싶은 말을 들려주어야 하는데 말입니다. 즉 상대방이 지금 자신과의 관계에서 어떤 이야기에 관심이 있을지를 고려해야 합니다. 그래야 상대방이 공감하고 여러분이 원하는 행동으로 유도할 수 있지 않겠습니까? 앞 절에서 강조한 바와 같이, 여기서도 중요한 것은 각 마케팅 퍼널 단계마다 다른 유형의 콘텐츠가 필요하다는 것입니다. 단계별로 살펴보겠습니다.

(1) 상부 퍼널 콘텐츠

상부 퍼널의 목표는 고객에게 우리의 상품이나 서비스를 알리는 것이라고 했습니다. 즉 잠재 고객에게 우리의 상품이나 서비스를 인지시키는 것이지요. 그러기 위해서는 잠재 고객에게 가치 있는 무언가를 무료로(!) 제공하는 무조건적 가치 제안이 필요합니다.

그러므로 이 단계의 콘텐츠는 잠재 고객이 관심이나 흥미를 가질 수 있는 것이 좋습니다. 예컨대 여러분의 잠재 고객이 과체중으로 체중 감량에 관심이 있다고 가정한다면, 다이어트에 성공한 사람들의 경험담이나 다이어트 비결을 제공할 수 있을 것입니다.

이를 위해서는 이 단계의 잠재 고객이 무엇에 관심이나 흥미가 있는지 알아야 할 것입니다. 이를 위해 우리의 페르소나/아바타에 대해 미리 알아본 것입니다. 이제 이 장의 맨 처음 절로 돌아가서, 여러분의 페르소나/아바타가 무엇에 관심과 흥미를 갖고 있는지 다시 한 번 확인하시기 바랍니다.

먼저, 여러분의 페르소나/아바타의 구성 요소를 살펴보세요.

- 페르소나/아바타의 나이, 성별, 결혼 유무, 직업은 무엇인가?
- 페르소나/아바타가 좋아하고 싫어하는 것은 무엇인가?
- 페르소나/아바타는 어떤 가치관을 가지고 있는가?
- 페르소나/아바타는 어떤 상황에 처해 있는가?
- 페르소나/아바타는 무엇을 필요로 하는가?
- 페르소나/아바타가 해결해야 할 문제는 무엇인가?
- 페르소나/아바타는 어떤 콘텐츠와 매체를 사용하는가? 등

이제 위의 질문에 답하고, 그 답변을 여러분이 여러분의 페르소나/아바타에게 제공할 콘텐츠에 사용하세요. 그리고 여러분이 그(녀)의 호기심을 자극하기 위해서 무엇이라고 말해야 하는지, 즉 어떻게 콘텐츠를 만들어야 하는지 연구해 보시기 바랍니다. 실제적인 콘텐츠 작성 방법, 즉 글쓰기에 대해서는 신경 쓰지 마십시오. 맨 마지막 절에서 자세하게 다룰 것입니다.

여기서 유의할 점은 여러분이 여러분의 페르소나/아바타에게 들려주고 싶은 이야기가 아니라, 여러분의 페르소나/아바타가 즐겨 듣고 싶은 이야기를 들려주어야 한다는 것입니다. 그리고 그 이야기는 그(녀)에게 부담감을 주지 말아야 합니다. 즉 여러분의 페르소나/아바타가 자유롭게 접근할 수 있는 콘텐츠가 좋습니다. 물론 대가를 요구하지 않는 무료(!) 콘텐츠입니다.

(2) 중간 퍼널 콘텐츠

중간 퍼널의 목표는 잠재 고객을 리드(Lead)로 전환하는 것이라고 했습니다. 리드는 우리 상품이나 서비스에 관심이 있고, 앞으로 구매 가능성을 가지고 있는 고객을 말합니다. 이렇게 잠재 고객을 리드로 전환하기 위해서는 잠재 고객의 문제 해결에 도움이 되는 가치를 제공해야 합니다. 이것을 조건적 가치 제안이라고도 했습니다.

그러므로 이 단계에서의 콘텐츠는 잠재 고객이 연락처 정보를 입력하도록 유도하여 그들이 리드가 되도록 하는 데 중점을 두어야 합니다. 즉 모든 콘텐츠는 이 하나의 목표에 중점을 두고 작성되어야 합니다. 산만해서는 안 됩니다. 이것은 다음 장에서 다룰 블로그, 인스타그램, 유튜브 등 모든 SNS 채널에 공통적으로 해당됩니다.

이를 위해 가장 좋은 방법은 '방문 페이지'를 만드는 것입니다. 방문 페이지는 방문자가 특정 행동을 하도록 유도하기 위한 게시물을 말합니다. 이 방문 페이지는 다음과 같은 콘텐츠를 포함해야 합니다. 가장 중요한 콘텐츠는 헤드라인입니다. 헤드라인은 잠재 고객이 읽도록 방문 페이지의 상단에 위치하고, 연락처 정보를 제공하는 조건으로 잠재 고객에게 무료로 제공하는 조건적 가치 제안을 담고 있어야 합니다. 다음으로 본문에는 이 조건적 제안의 혜택이나 이점을 설명하는 강력한 진술이 포함되어야 합니다. 그리고 방문 페이지의 이미지도 조건적 가치 제안을 시각적으로 표현할 수 있어야 합니다. 그 밖에 잠재 고객들에게 신뢰를 줄 수 있도록 수상이나 고객 리뷰 같은 증거물들을 제시하는 것도 좋습니다.

마지막으로 방문 페이지에는 연락처 정보를 기입하는 리드 양식이 있어야 합니다. 즉 리드를 창출하기 위해서 구체적인 '콜 투 액션(Call to Action: CTA)'을 제시해야 합니다. 콜 투 액션은 사이트에서 특정 행동을 유발하기 위한 버튼, 문구, 크리에이티브 등을 말합니다. "무료 PDF 파일을 원하시면 아래에 이메일 주소를 기입하세요!" 등의 버튼이나 문구인 셈이죠.

자신의 이메일을 등록하거나, 향후 기업에서 보내는 뉴스레터나 할인 쿠폰을 받아 보기로 하거나, 스페셜 오퍼를 수락하거나, 상품을 구매하는 행동 등이 콜 투 액션에 속합니다. 그러므로 콜 투 액션은 다음 단계인 '하부 퍼널 콘텐츠'에도 마찬가지로 적용할 수 있습니다.

유감스럽게도 대부분의 기업에서 콘텐츠 마케팅 활동을 시작하고 끝내는 곳이 상단 퍼널 단계입니다. 그러므로 중간 퍼널 단계의 콘텐츠는 잠재 고객을 리드로 이동시키기 위하여 모든 노력을 기울여야 합니다. 이 중간 퍼널 단계에 콘텐츠 마케팅의 사활이 달려 있습니다.

(3) 하부 퍼널 콘텐츠

하부 퍼널의 목표는 리드를 실제적인 구매 고객으로 전환하는 것이라고 했습니다. 이렇게 하기 위해서는 고객들이 거부하기 힘든 가치 제안을 해야 합니다. 예를 들면 할인된 종이책, 온라인 교육, 소프트웨어, 할인 쿠폰 등으로 리드를 구매 고객으로 전환하는 것입니다. 이것을 파격적인 할인 가치 제안이라고 했습니다.

그러므로 이 단계에서의 콘텐츠는 구매 가능성을 가진 리드가 실제로 구매 행동을 할 수 있도록 초점을 맞추어야 합니다. 즉 리드가 우리 제품이나 서비스를 구매하도록 설득해야 합니다. 즉 하부 퍼널에서는 헤드라인, 본문, 주요 항목, 상품 이미지, 증거물 등 모든 콘텐츠가 단지 이 하나의 목표에 중점을 두고 작성되어야 합니다.

그리고 행동 유도 문안으로 행동 지침을 제시해야 합니다. 행동 유도 문안은 고객들이 구매하려면 어떻게 행동해야 하는지를 정확히 제시하는 것입니다. 즉 여기서도 '콜 투 액션(CTA)'을 제시해야 합니다. 예를 들면, '아래 장바구니에 담기 버튼을 클릭하세요!', '지금 바로 구매하기 버튼을 클릭하세요!' 등과 같은 문구입니다. 이 버튼은 고객의 눈에 잘 보이고 고객이 접근하기 쉬워야 합니다. 지금까지 고객을 잘 유도해 왔는데 막상 구입 단계가 쉽지 않다면 낭패입니다. 따라서 고객 유도 문안을 여러 곳에 위치시키는 것도 좋은 방법입니다.

마지막으로 긴급성이나 희소성을 강조해야 합니다. 즉 지금(!) 구매하지 않으면 중요한 기회를 놓칠 수 있다고 느끼도록 해야 합니다. 예: '지금 구매하세요! 이 제안은 오늘 자정까지만 제공됩니다', '지금 구매하세요! 10개밖에 남지 않았습니다' 이렇게 긴급성이나 희소성을 강조하십시오. 마치 TV 홈쇼핑처럼 말입니다!

생각해 보기

각 퍼널 단계마다 당신의 콘텐츠를 작성해 보세요!

05.

마케팅 콘텐츠의 구성 요소

앞 절에서는 각 마케팅 퍼널의 단계마다 어떤 유형의 콘텐츠가 필요한지 살펴보았습니다. 이번 절에서는 콘텐츠가 어떤 요소로 구성되어 있으며, 각 구성 요소를 실제적으로 어떻게 작성해야 하는지 알아보겠습니다.

일반적인 콘텐츠의 구성 요소는 아래와 같습니다.

① 제목(헤드라인) 정하기

② 본문 글쓰기

③ 행동 촉구

④ 시각적 메시지(크리에이티브)

⑤ 스토리텔링

각 콘텐츠 구성 요소의 실제적인 작성 방법은 아래와 같습니다. 하나씩 살펴보겠습니다.

(1) 제목(헤드라인) 정하기

'제목'(또는 헤드라인)은 콘텐츠의 구성 요소 중에서 가장 중요한 부분입니다. 제목은 고객의 흥미를 돋우면서 본문의 내용을 압축해야 합니다. 좋은 제목이 고객이 콘텐츠를 계속 읽을 것인지 아닌지를 결정하기 때문입니다.

첫째, 좋은 제목은 호기심을 유발해야 합니다. 호기심을 유발하는 제목은 고객의 관심을 자극해야 합니다(예: 'LGU+로 갈아타는 이유는?').

둘째, 좋은 제목은 혜택을 강조해야 합니다. 혜택을 강조하는 제목에는 고객이 해당 콘텐츠로부터 받을 수 있는 이점이 명시되어 있어야 합니다(예: '성공하는 1인 기업을 위한 차별화 마케팅 전략').

마지막으로, 좋은 제목은 희소성이 강조할 수도 있습니다. 희소성을 강조하는 제목은 고객이 이 콘텐츠를 읽지 않았을 경우 중요한 무엇인가를 놓칠 수 있다고 느끼게 만들어야 합니다(예: '신청 마감 임박!').

(2) 본문 글쓰기

본문은 서론, 본론, 결론 그리고 추신으로 구성하는 것이 바람직합니다. 본문에서는 '서론'에 해당하는 첫 문단이 가장 중요합니다. 첫 문단이 본문의 내용을 분명하게 알리면서 이후 본문을 계속 읽게 만들어야 하기 때문입니다. 그러므로 첫 문단에서는 고객이 왜 이 콘텐츠에 관심을 가져야 하는지를 설명해야 합니다. 즉 여러분의 상품이나 서비스가 고객의 문제를 해결해 줄 수 있다는 점을 강조해야 합니다.

'본론'에서는 여러분의 상품이나 서비스가 어떻게 고객의 문제를 해결해 줄 수 있는지를 설명해야 합니다. 즉 자사의 제품이나 서비스의 입증된 이익이나 결과를 설명해야 합니다. 한 가지 주의할 점은 제품이나 서비스의 장점을 강조하기보다는 자사의 상품이나 서비스가 고객의 삶에 어떠한 영향을 미치고, 나아가 그들의 삶이 어떻게 달라질 것인가를 고객에게 알려야 한다는 것입니다. 즉 자사의 상품이나 서비스의 장점을 강조하는 것이 아니라, 고객이 입장에서 자사의 상품이나 서비스로부터 고객이 얻게 되는 구체적인 혜택(이익)을 강조해야 합니다.

'결론'에서는 고객이 하필이면 '왜 지금?' 이 콘텐츠에 관심을 가져야 하는지를 설명해야 합니다. 예컨대, 마감 시간이 얼마 남지 않았다든지 또는 재고량이 제한적이기 때문에 고객이 지금 빠른 결정을 해야 한다는 것을 알려 주는 내용이 여기에 해당됩니다.

마지막으로 '추신'에서는, 고객이 가질 수 있는 '왜 다른 기업이 아니라 여러분이어야 하는가?'에 대한 질문에 답을 제공해야 합니다. 즉 고객의 설득과 신뢰를 위해서 여러분의 자격을 증명할 수 있는 자료를 제시해야 합니다. 예컨대 본문의 내용을 뒷받침하는 사례, 고객 후기, 전문가의 의견, 단체의 인증, 관련 기사 등이 여기에 해당됩니다. 이러한 자료들은 고객들이 왜 여러분의 제품과 서비스를 신뢰해도 되는지를 입증해 줄 것입니다.

(3) 행동 촉구

모든 콘텐츠에는 반드시 콜 투 액션(CTA)이 포함되어야 합니다. 콜 투 액션은 잠재 고객이 여러분의 상품이나 서비스를 구매하는 데 필요한 반응이나 행동입니다. 예를 들면, 고객의 특정 행동을 유발하기 위해서 여러분의 콘텐츠에 있는 버튼이나 문구 또는 크리에이티브를 클릭하도록 하는 것입니다. 그렇지 않으면 마케팅 활동이 실제 효과로 연결되지 않습니다. 마케팅의 모든 활동은 고객에게 바라는 콜 투 액션을 이끌어 내야 합니다.

콜 투 액션에서는 다음과 같은 행동을 독려합니다.

- 더 많은 정보 탐색하기
- 회원 가입하기
- 이벤트나 프로그램에 가입하기
- 상품이나 서비스에 대한 정보를 이메일로 요청하기
- 무료 상담 예약하기
- 쿠폰이나 할인권 신청하기
- 온라인 설문 조사에 참여하기
- 구매하기

콜 투 액션의 콘텐츠는 위와 같은 잠재 고객의 행동에 따라 달라질 수 있습니다. 예를 들면, 아래와 같이 콜 투 액션 콘텐츠를 작성할 수 있을 것입니다:

- 만약 잠재 고객이 회원 가입을 망설인다면 "지금 회원 가입하시고 혜택을 받아 보세요!"
- 만약 잠재 고객이 이벤트나 프로그램의 등록을 망설인다면 "지금 바로 등록하시고, 혜택을 받아 보세요!"
- 만약 잠재 고객이 구매를 망설인다면 "지금 장바구니에 담으세요!"
- 만약 잠재 고객이 구매할 준비가 되어 있다면 "지금 주문해서 20만원을 아끼세요!"

이러한 콜 투 액션은 앞에서 설명한 본문의 서론, 본론, 결론에 각각 포함될 수 있습니다. 하지만 가장 바람직한 것은 가능하면 본문의 앞부분에 위치하는 것입니다. 그리고 다른 콘텐츠와 구별되도록 두드러지게 눈에 띄어야 합니다. 예를 들면, 콜 투 액션을 강조하기 위하여 다른 크리에이티브 디자인과 구별되게 색깔, 폰트, 크기 등을 다르게 사용해야 합니다. 별 모양의 스티커를 사용하는 것도 좋습니다.

(4) 시각적 메시지 (크리에이티브)

본문의 주장이 설득력을 발휘하려면 제품이나 서비스가 탁월하다는 것을 언어적으로 전달하는 것과 함께 시각적으로 직접 보여 주어야 합니다. 전문적이고 깔끔한 그래픽과 디자인은 고객에게 확신을 줍니다. 또한 본문의 주제를 동영상으로 만들어 SNS에 올리고 가능한 한 많은 사람들에게 노출시키는 것도 좋은 방법입니다.

언어적 메시지(카피)뿐만 아니라 시각적 메시지, 곧 크리에이티브(Creative)도 고객 페르소나/아바타의 특성을 염두에 두어야 합니다. 즉 내가 보여 주고 싶은 것이 아니라, 고객이 보고 싶은 시각적 메시지를 보여 주어야 합니다. 그러기 위해서는 크리에이티브의 색상, 폰트, 이미지, 레이아웃 등 모든 시각적 요소를 고객 페르소나/아바타의 입장에서 고려해 보시기 바랍니다. 여러분의 고객이 파란색을 좋아한다면 파란색을 사용해야 여러분의 고객이 좋은 감정으로 여러분의 콘텐츠에 반응하지 않겠습니까?

만약 크리에이티브 제작에 자신이 없다면 전문 디자이너에게 의뢰하는 것도 한 가지 방법입니다. 프리랜서나 디자인 전공 학생을 고용하는 것도 괜찮습니다. 하지만 1인 기업가는 혼자 스스로 모든 일을 해야 하기 때문에, 우선 디자이너와 협업을 해 나가는 과정을 통해서 천천히 배우는 것도 좋은 방법입니다. 그러다 보면 마음에 드는 디자인 템플릿이나 미리캔버스 같은 애플리케이션을 이용하여 혼자서 만들 수 있을 것입니다.

(5) 스토리텔링

마지막으로 콘텐츠에 감정을 불어넣어야 합니다. 그 방법이 스토리텔링입니다. 스토리텔링은 스토리(Story)와 텔링(Telling)의 합성어로 말 그대로 '이야기하기'입니다. 다른 사람에게 이야기를 들려주는 것이죠. 어떻게요? 재미있게요. 이야기를 듣는 사람이 공감할 수 있게요. 그리고 구매로 이어질 수 있게요.

그 방법은 무엇일까요? 모든 스토리에는 공통적인 구성 요소가 있습니다. 등장인물(주인공, 악당, 조력자), 이야기의 전개, 위기, 해결 그리고 해피 엔딩. 서부 영화나 007 같은 할리우드 영화를 떠올려 보십시오. 평화로운 환경에 악당이 나타납니다. 모두 두려워 떱니다. 그럴 때 주인공이 나타납니다. 문제를 해결하려고 하지만 오히려 주인공이 위기에 빠집니다. 그때 조력자의 도움으로 문제가 해결됩니다. 그리고 다시 평화가 찾아옵니다. 멜로물의 경우는 대개 마지막에 주인공이 결혼을 하거나 키스를 합니다. 한마디로 영웅 이야기입니다.

그렇다면 1인 기업가 여러분은 어떻게 스토리텔링을 해야 할까요? 먼저 여러분의 고객 페르소나/아바타가 해결해야 할 문제를 다시 찾아보십시오. 그다음 여러분의 상품과 서비스가 제공할 수 있는 차별점을 다시 찾아보십시오. 그리고 그 두 가지가 만나는 접점을 다시 찾아보십시오. 여기서 제가 계속 '다시'라고 하는 이유는 이 작업을 4장 '콘셉트로 차별화하기'에서 다루었기 때문입니다. 한마디로 고객의 가치와 여러분이 제안하는 가치가 일치해야 합니다. 그것이 콘셉트지 않습니까?

이제 이 콘셉트를 스토리로 만들어야 합니다. 콘셉트에 이야기라는 옷을 입히는 것입니다. 콘셉트는 아직 옷을 입지 않은 맨몸이니까요. 가장 좋은 방법은 여러분의 개인적인 경험담을 들려주는 것입니다. 아니면 여러분이 해결해 준 여러분의 특정 고객의 경험담을 들려주는 것입니다. 어떤 방법으로요? 앞에서 이야기한 할리우드 영웅담처럼요. 예를 들면, 여러분의 고객(주인공)이 예전에는 날씬했는데 체중이 늘어나서(전개) 계속 다이어트에 실패하다가(위기) 여러분의 강의(조력자)를 듣고 3개월 동안 노력한 결과 30Kg을 감량하고(해결) 다시 젊을 때의 건강을 되찾았다(해피엔딩)

같은 겁니다. 예를 하나 더 들까요? 어떤 사람(주인공)이 사업을 잘 하다가(전개) 사기꾼(악당)에게 속아서 파산을 했는데(위기) 최 아무 개의 1인 기업 마케팅 강의(조력자)를 듣고 노력을 한 결과 다시 행복한 기업가가 되었다(해피 엔딩).

스토리텔링은 여러분의 개인적인 이야기로 고객이 공감할 수 있도록 콘텐츠를 작성하는 것입니다. 그러면 여러분의 고객이 감동(정서적 공감)할 것입니다. 그리고 구매로 이어질 수 있을 것입니다. 더 나아가 주위에 있는 다른 사람들에게 스스로 여러분의 스토리를 전파할 것입니다. 주위에 이야기하고 싶은 것이 스토리텔링의 속성이니까요. 이것이 바로 입소문 마케팅입니다.

생각해 보기

콘텐츠의 구성 요소에는 무엇이 있습니까?

06.
콘텐츠 작성하는 법

각 마케팅 퍼널 단계에 따른 콘텐츠와 더불어 마케팅 콘텐츠의 구성 요소를 살펴보았습니다. 이번 절에서는 모든 콘텐츠에 공통적으로 적용되는 효과적인 콘텐츠 작성 방법을 알아보겠습니다. 쉽게 이야기하면, 어떻게 하면 마케팅 글쓰기를 잘할 수 있는가에 대한 방법입니다.

모든 효과적인 마케팅 글쓰기는 다음과 같은 원칙을 따라야 합니다.

첫째, 가장 중요한 메시지를 제일 먼저 써야 합니다. 고객은 여러분의 콘텐츠에 별로 관심도 없고 시간도 없습니다. 그런데 여러분에게 무려 1분의 시간을 할애했다고 가정해 보십시오. 그 짧은 시간에 무엇부터 이야기해야 할까요? 이것을 엘리베이터 피치(Elevator Pitch)라고 합니다. 엘리베이터에서 중요한 사람(예컨대, 투자자)을 만났을 때, 자신의 생각을 요약하여 짧은 시간에 전달할 수 있어야 한다는 의미입니다. 제일 중요한 것부터 역피라미드 형식으로 메시지를 작성하시기 바랍니다.

둘째, 가능한 한 짧고 간결한 문장을 사용하십시오. 웹소설 읽어 본 적 있으신가요? 문장이 어떻습니까? 짧고 간결합니다. 자기 돈을 내고 보는 웹소설도 이럴진대, 독자의 관심을 끌어야 하는 마케팅 콘텐츠는 어때야 할까요? 무엇보다 문장이 짧아야 합니다. 한 줄에 한 문장씩 쓰도록 노력하십시오. 아무리 길어도 두 줄을 넘어서는 안 됩니다. 만약 두 줄이 넘는다면, 문장을 두 개로 나누세요. 그리고 가운데 접속사를 사용하세요. 문장에서 가장 중요한 것은 가독성입니다. 가독성은 우선 짧고 간결한 문장에서 나옵니다.

셋째, 명확하고 쉬운 단어를 사용하십시오. 가독성을 위해서는 읽기 쉽게 써야 합니다. 어려우면 아무도 읽지 않습니다. 이를 위해서는 먼저 쉬운 단어를 사용하십시오. 그리고 뜻이 애매한 단어는 피하고, 뜻이 명확한 단어를 사용하십시오. 부득이하게 전문용어를 사용해야 할 때는 쉽게 풀어쓰거나 따로 용어 설명을 해주는 것도 좋은 방법입니다.

넷째, 친근하게 대화체를 사용하십시오. 글이 잘 읽히려면 구어체와 대화체를 사용하는 것이 좋습니다. 그러면 독자가 당신과 대화를 하는 것처럼 느끼게 되어 친근감을 가지게 됩니다. 그리고 이 친근감이 당신의 상품이나 서비스에 대한 친근감으로 전이될 수 있습니다.

다섯째, 고객의 관심과 호기심을 유도하십시오. 여기서는 이 장의 맨 앞에서 설명한 페르소나/아바타를 참조하시기 바랍니다. 즉 내가 하고 싶은 이야기가 아니라 페르소나/아바타가 듣고 싶은 (관심 있는) 이야기를 들려주는 것입니다. 그리고 페르소나/아바타의 호기심을 자극할 수 있는 메시지(미끼)를 던지십시오. 예를 들면, 'SNS로 돈을 낭비하는 10가지 방법'식으로 고객의 호기심을 불러일으키는 것입니다.

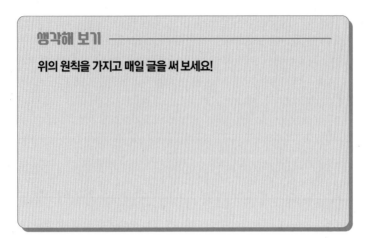

생각해 보기 ─────────────────

위의 원칙을 가지고 매일 글을 써 보세요!

07.
정리하기

좋은 콘텐츠를 만들고자 한다면 앞서 언급한 내용을 염두에 두면서 계속 써 보는 것이 지름길입니다. 예를 들면, 한 달 동안 매일(!) 블로그에 글을 올려 보십시오. 『이젠 블로그로 책 쓰기다!』의 저자 신은영 님은 매일 한 꼭지씩 블로그에 올린 글을 모아 4권의 책이나 출간하고 작가가 되었습니다! 또한 여러분이 좋아하는 콘텐츠를 즐겨찾기에 등록하고, 시간이 될 때마다 콘텐츠의 내용과 구조를 분석하고 벤치마킹하시기 바랍니다. 소설가 지망생들이 자신이 좋아하는 작가의 작품을 필사하는 것처럼 말입니다. 그리고 콘텐츠 작성 방법을 이렇게 또 저렇게 실험해 보시기 바랍니다. 그러다 보면 여러분만의 스타일을 발견하게 될 것입니다.

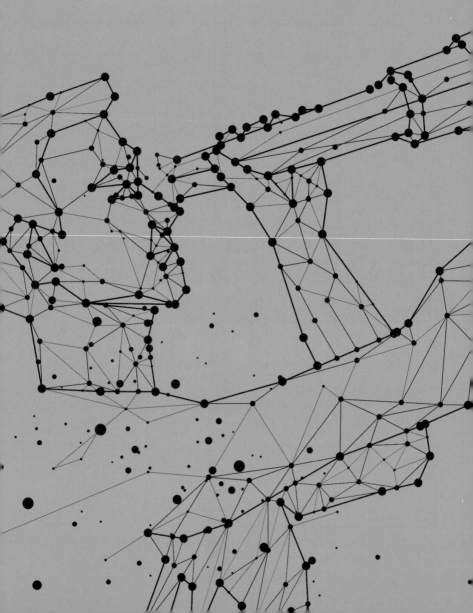

6장.
SNS로 차별화하기
(매체 및 홍보 전략)

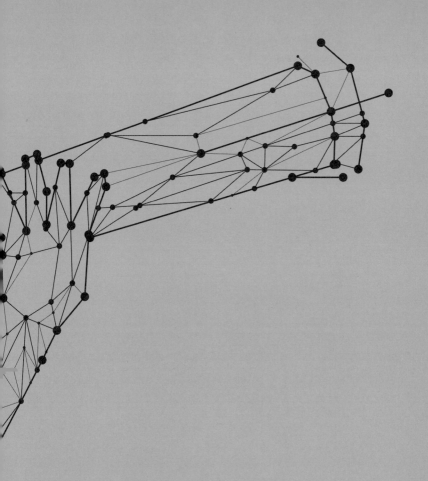

"미디어가 곧 메시지다."

– 허버트 마셜 맥루한

오늘날 구매 및 구매 결정은 대부분 온라인을 통해서 이루어지고 있습니다. 소비자들은 상품 및 서비스에 대한 정보를 인터넷과 SNS를 통해서 얻으며, 구매하기 전에 인터넷을 통해서 관련 리뷰를 읽고, SNS를 통해서 친구나 가족, 지인으로부터 추천을 받거나 의견을 교환합니다. 또한 구매하고자 하는 상품의 구매후기를 고려합니다. 그리고 마침내 온라인을 통해서 상품이나 서비스를 구매합니다.

따라서 SNS(Social Network Service)는 1인 기업에게 절대적인 존재입니다. 아마도 SNS가 없었다면 1인 기업은 불가능했을 것입니다. 왜냐하면 1인 기업에게 SNS는 잠재 고객과 만날 수 있는 커뮤니케이션 채널이며 동시에 고객에게 상품을 판매할 수 있는 유일한 매체이기 때문입니다. 또한 SNS를 통해서 전에는 꿈도 꾸지 못했던 광고 및 홍보도 가능해졌기 때문입니다. 한마디로 SNS는 1인 기업의 절대적인 채널이며 매체라고 할 수 있습니다. 이 장에서는 블로그, 인스타그램, 유튜브 등 소셜미디어 이외에도 이메일과 검색엔진에 대해서도 살펴볼 것입니다.

01.
소셜미디어로 차별화하기

소셜미디어(Social Media)는 1인 기업의 콘텐츠를 고객에게 제공하고 고객의 반응을 유도하기 위한 최상의 채널(Channel)입니다. 채널은 블로그, 페이스북, 유튜브 같은 콘텐츠를 게시할 수 있는 플랫폼을 의미합니다. 물론 이러한 채널을 통해서 콘텐츠는 고객에게 전달됩니다. 그리고 고객의 피드백을 확인할 수 있습니다. 그러므로 채널 전략은 전통적인 마케팅에서 매체 전략에 해당됩니다.

소셜미디어의 장점은 잠재 고객, 리드, 구매 고객에게 도달할 수 있는 저렴하고 효율적인 채널이라는 것입니다. 예전의 매스마케팅의 시대에는 1인 기업이나 중소기업은 광고비를 감당할 수 없었기 때문에, 고객과 직접 소통할 수 있는 방법이 극히 제한적이었습니다. 그러나 이제는 SNS를 통해서 얼마든지 자신의 잠재 고객에게 콘텐츠를 보낼 수 있게 되었습니다. 그래서 SNS가 발전하지 않았다면 1인 기업은 불가능했을지 모른다고 말씀드린 것입니다.

하지만 SNS 마케팅은 장기적인 노력이 필요합니다. 또한 한 가지 소셜미디어만 사용하는 것이 아니라, 서로 연계하여 시너지 효과를 가져오는 멀티채널 전략이 좋습니다. 그리고 이러한 소셜미디어는 1인 기업의 유형, 상품이나 서비스의 종류, 고객의 페르소나/아바타, 콘텐츠의 형태에 따라 서로 다른 SNS 플랫폼을 사용해야 합니다. 한 가지 주의할 것은 SNS는 소통의 공간이지, 판매나 영업의 공간이 아니라는 사실입니다. 고객과 소통을 하고 신뢰를 쌓아 나가다 보면 SNS를 통해서 판매할 수 있게 되는 것입니다.

소셜미디어로 차별화하기에서는 '블로그', '인스타그램', '유튜브' 세 가지 소셜미디어를 통한 차별화만 살펴보겠습니다.

당신은 어떤 소셜미디어 채널을 사용하십니까?

그리고 어떻게 차별화하고 계십니까?

02.
블로그로 차별화하기

유튜브나 인스타그램에 비해서 블로그의 영향력은 예전보다 못합니다. 그럼에도 불구하고 블로그는 자신만의 고유한 영역을 갖고 있습니다. 그것은 무엇보다 블로그가 업종과 상관없이 기업이 원하는 목적을 달성하는 데 도움을 준다는 것입니다. 한마디로, 히말라야 등반으로 비유하면, 블로그는 SNS 활동의 베이스캠프(Base Camp)라고 할 수 있습니다. 이러한 이유에서 블로그는 1인 기업이 반드시 개설해야 할 기본적인 소셜미디어 채널이라고 생각합니다.

첫째, 1인 기업가로 성공하기 위해서는 여러분이 어떤 분야의 전문가라는 것을 고객에게 인지시키는 것이 중요합니다. 블로그는 기업을 해당 시장에서 리더로 확립하는 데 도움을 줍니다. 블로그는 블로거의 목소리를 전달하는 일종의 칼럼이나 마찬가지이기 때문입니다. 그러므로 비즈니스 블로그는 그 기업을 관련 분야에서 전문가나 리더로서 자리매김 하는 데 도움이 됩니다. 말하자면 블로그는 점진적으로 신뢰감을 높이는 역할을 하는 셈입니다. 그러므로 자신의 전문성이 있는 분야와 잠재 고객의 관심이 높은 분야를 블로그 주제로 선정해야 합니다.

둘째, 블로그는 검색엔진 결과를 향상시키는 데 도움이 됩니다. 블로그는 사이트 내의 게시물을 더 많이 만드는 훌륭한 방법이며 구글, 네이버, 다음 같은 검색엔진에서 더 많은 게시물을 포스팅할수록 검색엔진 결과 페이지에 더 많이 등장합니다. 또한 사이트에 걸린 링크가 더 많을수록 사이트는 검색엔진 결과 페이지에서 더 상단에 노출됩니다. 여기에 대해서는 아래 '검색엔진으로 차별화하기' 절에서 자세히 설명하겠습니다.

블로그로 차별화하는 방법은 다음과 같습니다. 이것은 성공적인 블로그가 되는 방법과 같은 의미입니다. 먼저 블로그 주소(URL)를 회사명으로 정하는 것이 좋습니다. 혹은 블로그 주제로 블로그 이름을 짓는 것도 좋은 방법입니다. 또한 블로그의 프로필을 작성하는 데도 신경을 써야 합니다. 프로필은 블로그의 신뢰를 위한 홍보 도구 역할을 하기 때문입니다. 진술하면서 자신의 인간성이 표현될 수 있도록 작성하시기 바랍니다.

가장 중요한 것은 잠재 고객들과 관련성이 있고, 그들에게 도움이 되는 실제적인 정보를 제공하는 것입니다. 이를 위해서는 먼저 블로그를 시작할 때, 블로그의 주제와 콘셉트를 명확하게 설정하는 것이 필요합니다. 예를 들면, 여러 가지 주제보다는 구체적인 하나의 주제를 선정해 전문성을 갖는 것이 좋습니다. 그러면 다른 블로그와 차별성을 가질 수 있습니다. 그리고 블로그의 이름과 닉네임 등을 정하는 데도 도움이 됩니다. 그렇게 되면 블로그를 접하는 사람들에게 가장 먼저 떠오르는 정보원으로 포지셔닝 할 수 있습니다.

다음으로 중요한 것은 블로그 게시물의 제목과 헤드라인을 정하는 것입니다. 왜 제목이나 헤드라인이 중요할까요? 넘쳐나는 수많은 게시물 중에서 잠재 고객의 주목을 끌어야 하기 때문입니다. 좋은 제목은 간단하며 기억하기 쉽고 매력적인 제목입니다. 또한 유명 회사나 유명 인물 그리고 숫자가 들어간 제목도 좋습니다. '스티브 잡스에게 듣는 10가지 혁신 아이디어'가 그 예일 수 있습니다.

하지만 블로그에 게시된 콘텐츠들은 그 수명이 짧습니다. 대부분 하루나 이틀 정도에만 조회 수가 높게 나타납니다. 이를 보완하는 방법은 두 가지입니다. 하나는 게시물의 빈도 수를 늘리는 것입니다. 즉 게시물을 더 자주 배포하는 것입니다. 매일 포스팅할 수 있다면 좋겠지만, 이것이 어렵다면 일주일에 몇 번 주기를 정하고 정기적으로 포스팅하도록 노력해야 합니다. 이렇게 하면 블로그를 사용하는 사람들이 점점 더 그 게시물에 익숙해지고 친밀감을 형성하게 됩니다. 다른 방법은 콘텐츠를 조각내어 따로따로 게시하는 것입니다. 즉 콘텐츠에 들어 있는 헤드라인, 본문, 인용문, 이미지, 질문, 통계 자료 등을 분할하여 포스팅하는 것입니다.

블로그에 실패하지 않으려면 자사의 제품이나 서비스를 너무 과도하게 강조하지 말아야 합니다. 광고로 비유하면 지나친 과대광고를 하지 말아야 합니다. 앞에서 언급한 것처럼 자사와 잠재고객과의 연결고리를 만들어 중립적이며 차별화된 콘텐츠를 작성해야 합니다.

블로그는 앞에서 설명한 마케팅 퍼널의 세 단계에 모두 사용할 수 있습니다. 그러나 하부 퍼널보다는 중간 퍼널에 그리고 중간 퍼널보다는 상부 퍼널에 더 유용한 채널입니다. 즉 블로그는 파격적인 할인 제안보다는 조건적 가치 제안에 그리고 조건적 가치 제안보다는 무조건적 가치 제안에 더 효과가 있습니다. 왜냐하면 블로그는 고객에게 자사의 상품과 서비스의 인지도를 높이는 데 가장 적합한 채널이기 때문입니다.

생각해 보기

블로그는 1인 기업을 위한 베이스캠프입니다.
어떻게 차별화하고 계십니까?

03.
인스타그램으로 차별화하기

인스타그램은 본래 사진 편집 기능을 가진 앱으로 출발했지만, 2014년에 페이스북이 인수한 이후 최고의 소셜미디어로 발전했습니다. 특히 기업도 개인과 마찬가지로 인스타그램을 통하여 상품과 서비스를 홍보할 수 있기 때문에 SNS 마케팅 채널로서 각광을 받게 되었습니다. 그리고 비즈니스 계정으로 전환하면 여러 가지 유용한 기능들을 사용할 수 있습니다.

인스타그램으로 차별화하는 방법은 다음과 같습니다. 먼저, 인스타그램의 가장 큰 특징은 사진 및 동영상입니다. 물론 텍스트도 올릴 수 있지만 인스타그램 이용자들의 연결고리가 사진과 동영상입니다. 그러므로 감성적인 이미지와 해상도가 높은 사진 및 동영상을 올리는 것이 중요합니다. 그리고 단지 사진이나 동영상만 올리는 것보다 사진이나 동영상에 짧고 인상적인 설명을 다는 것이 좋습니다. 마치 미술관에 걸린 작품의 제목처럼 말입니다. 예컨대, 요즘 유행하는 잔나비의 '주저하는 연인들을 위해'처럼.

인스타그램의 두 번째 특징은 해시태그(#) 기능입니다. 인스타그램에서는 팔로워 수가 그렇게 중요하지 않습니다. 해시태그로 얼마나 많은 방문자가 들어오느냐가 더 중요합니다. 인스타그램 이용자들이 해시태그를 이용해서 검색을 하기 때문입니다. 그러므로 잠재 고객들이 해시태그를 이용하여 검색할 때 자사의 콘텐츠가 더 많이 노출될 수 있도록 해시태그를 설정해야 합니다. 이를 위해서는 무엇보다 차별화된 해시태그가 좋습니다. 즉 자사의 상품이나 서비스의 장점과 잠재 고객들의 관심사를 모두 포함할 수 있는 해시태그를 선정해야 합니다. 그리고 너무 많지 않은 해시태그가 좋습니다. 연구 결과에 의하면 10개 이내가 좋다고 합니다.

인스타그램의 세 번째 특징은 콘텐츠의 수명이 짧다는 것입니다. 블로그 게시물처럼 오래 남아 있지 않습니다. 그러므로 이용자의 지속적인 참여를 이끌어 내려면, 콘텐츠를 더 자주 올려야 합니다. 가능하다면 매일 또는 일주일에 정기적으로 여러 번 올리는 것을 추천합니다. 이를 위해서 사진이나 동영상들을 미리 준비해 두는 것도 좋은 방법입니다.

인스타그램의 네 번째 특징은 다른 SNS에 비해서 주 이용자가 젊다는 것입니다. 특히 10~20대 여성이 가장 많이 이용합니다. 그러므로 이들을 주 타깃으로 하는 상품이나 서비스에 유리합니다. 예를 들면, 패션이나 화장품 등과 관련된 사진이나 동영상 콘텐츠를 사용하면 좋을 것입니다.

마지막으로 인스타그램은 공유 기능이 뛰어납니다. 그러므로 블로그, 트위터, 페이스북 등의 다른 SNS 채널에 동일한 콘텐츠를 게재할 수 있습니다. 이를 통해서 기업의 다른 소셜미디어의 팔로워 수를 늘릴 수 있고, 동일한 콘텐츠를 SNS 플랫폼에 전반적으로 확산시킬 수 있습니다. 제 개인적인 경험으로는 인스타그램을 통해서 블로그로 유입되는 방문자가 제법 많습니다.

인스타그램은 콘텐츠로 사진과 동영상 그리고 텍스트를 모두 사용할 수 있고, 해시태그 기능과 공유 기능이 뛰어나기 때문에 다른 SNS 채널보다 장점이 많이 갖고 있습니다. 또한 개인 계정과 비즈니스 계정 모두를 사용하여 마케팅 커뮤니케이션을 할 수 있습니다. 그리고 이용자가 젊은 세대를 중심으로 전 세대로 확장 되고 있습니다. 따라서 1인 기업의 SNS 채널로서 점점 더 중요해 질 것으로 전망됩니다. 인스타그램을 블로그 그리고 다음에 설명 할 유튜브와 함께 관심을 가지고 실천해 보시기 바랍니다.

생각해 보기 ─────────────────────

인스타그램은 미래 지향적인 채널입니다.
어떻게 차별화하고 계십니까?

04.
유튜브로 차별화하기

유튜브는 구글이 서비스를 제공하는 동영상 공유 플랫폼입니다. 유튜브는 많은 사용자들이 일상생활에서 정보를 얻고, 배우며, 오락을 즐기고, 관심사를 공유하는 공간으로, 이제 하나의 인터넷 문화가 되었다고 해도 과언이 아닙니다. 또한 사용자 연령층이 10대부터 60대까지 비교적 골고루 분포되어 있습니다. 따라서 유튜브는 기업이 잠재 고객들에게 상품이나 서비스를 광고 및 홍보할 수 있는 중요한 마케팅 채널로 자리 잡게 되었습니다.

유튜브로 차별화하는 방법은 다음과 같습니다. 유튜브의 가장 큰 특징은 사용자가 동영상을 스스로 업로드하고, 시청하고, 다른 사람과 공유할 수 있다는 것입니다. 그러므로 유튜브 마케팅에서 가장 중요한 것은 고품질의 매력적인 동영상 콘텐츠를 제작하여 올리는 것입니다. 물론 유튜브 콘텐츠는 타깃 고객들이 공감할 수 있는 것이어야 하겠지요. 일반적으로 유튜브 사용자들에게 인기 있는 콘텐츠는 지식을 전달하는 튜토리얼, 리뷰, 해결 방법 등의 정보입니다. 따라서 이러한 콘텐츠를 활용하여 상품이나 서비스를 홍보할 수 있습니다.

또한 유튜브는 동영상 검색엔진이기도 합니다. 그러므로 사용자들이 동영상을 검색할 때 관련 키워드나 카테고리에 자사의 동영상을 최적화하는 것이 매우 중요합니다. 이를 위해서는 키워드에 적합한 제목, 설명 및 해시태그를 사용하여 사용자가 검색할 때 검색 결과에서 높은 순위에 오를 수 있도록 노력해야 합니다. 그리고 시청자들은 유튜브 썸네일만 보고 시청 여부를 결정하기 때문에, 매력적인 썸네일을 미리 만들어서 올리는 것이 좋습니다. 시청자들의 참여를 유도하기 위해서는 썸네일이 밝고 생생하며 선명해야 합니다. 물론 썸네일에 시청자의 주의를 끌 만한 문자가 포함되어야 합니다.

유튜브는 유료 광고를 제공합니다. 그러므로 기업은 유튜브 광고를 활용하여 타깃 고객에게 직접 상품 및 서비스를 광고할 수 있습니다. 유료 광고는 유튜브 사용자에 대한 데이터를 이용하여 잠재 고객을 보다 효과적으로 타깃팅 하는 데 도움이 될 수 있습니다. 또한 유튜브는 광고 효과를 분석할 수 있는 다양한 도구를 제공합니다. 이를 활용하여 광고 효과를 파악하고 타깃 고객을 정확하게 설정하여 효과적인 마케팅을 수행할 수 있습니다. 물론 유튜브 광고는 시청자들이 광고를 스킵하지 않도록 좋은 내용과 도입부에 신경을 쓰고, 길이를 짧게 하는 것이 좋습니다.

유튜브는 또한 소셜미디어 플랫폼이기도 합니다. 사용자들이 다른 소셜미디어를 통해 다른 사람들과 동영상을 좋아하고, 댓글을 달고, 공유합니다. 그러므로 기업은 동영상을 업로드 하는 것만으로는 충분하지 않습니다. 시청자들과 상호작용을 해야 합니다. 자사의 유튜브 채널을 중심으로 댓글에 응답하고 시청자들과 소통하며 관계를 맺어야 합니다. 그리고 시청자에게 좋아요, 댓글, 공유 그리고 여러분의 동영상을 더 많이 시청하도록 요청하시기 바랍니다. 여기에는 채널 구독, 웹사이트 방문, 뉴스레터 가입 또는 구매가 포함될 수 있습니다.

다른 SNS 채널과 마찬가지로 유튜브 마케팅도 지속적인 노력이 필요합니다. 무엇보다 시청자에게 유용하고 흥미로운 콘텐츠를 꾸준하게 제공하는 것이 중요합니다. 그리고 주기적으로 동영상을 갱신하는 것이 좋습니다. 예컨대, 매주 정해진 요일과 시간에 동영상의 업로드를 예고하는 것도 좋은 방법입니다. 이렇게 하면 구독자를 유지하고 조회 수를 늘릴 수 있습니다. 그리고 시청자들이 동영상을 보는 시간, 즉 시청자 보유도 중요합니다. 시청자 보유율이 높은 동영상과 낮은 동영상을 비교하여 그 이유를 찾아보시기 바랍니다. 그러면 여러분의 콘텐츠를 시청자가 원하는 콘텐츠로 개선하는 데 도움이 될 것입니다.

마지막으로, 유튜브 마케팅은 대기업이나 중소기업 그리고 1인 기업 모두에게 적용 가능한 마케팅입니다. 시청자들의 관심에 적합한 유용하고 매력적인 콘텐츠로 승부할 수 있다면, 유튜브는 특히 1인 기업에게 매우 유리한 채널이며 매체입니다.

생각해 보기

유튜브는 가장 대중적인 채널입니다.
어떻게 차별화하고 계십니까?

05.
이메일로 차별화하기

　이메일(Email)은 Electronic Mail의 약자로 인터넷을 이용하여 문자, 사진, 동영상 등의 메시지를 이용자끼리 주고받는 수단입니다. 전자우편이라고도 합니다. 이메일 마케팅은 이메일을 이용한 마케팅으로 가장 오래된 온라인 및 디지털 마케팅입니다.

　우리는 대부분 이메일을 열어 보면서 하루를 시작합니다. 이메일의 가장 큰 특징은 누구나 이메일을 사용하며 전 세계적으로 도달 범위가 넓다는 것입니다. 또한 이메일은 다른 어떤 채널보다 적은 비용으로 높은 수익을 낼 수 있는 마케팅 채널입니다. 즉 투자수익률(Return on Investment: ROI)이 높습니다. 이러한 이유에서 이메일은 제일 먼저 기업의 마케팅 도구로써 사용되었습니다.

하지만 기업의 무분별한 이메일 마케팅으로 고객들에게 이메일은 여전히 성가신 스팸 메일(Spam Mail)로 인식되고 있습니다. 대부분 사람들은 열어 보지도 않고 제목만 보고서 이메일을 삭제하거나 스팸 메일로 등록합니다. 그리고 메일 필터에 의해서 자동으로 스팸 메일로 처리됩니다. 그러나 고객들에게 이메일 수신에 대한 허락만 받을 수만 있다면, 이메일은 다른 어떤 채널보다 효과적인 마케팅 채널입니다.

그렇다면 어떻게 효과적인 이메일 마케팅을 실행할 수 있을까요? 이를 위해서는 이메일을 보내기 전에 수신자로부터 명시적인 허락(Permission)을 받아야 합니다. 이것은 일반적으로 개인 정보를 처리하기 전에 가입자로부터 동의를 받는 절차와 같습니다. 이것을 옵트 인(Opt-in)이라고 합니다. 즉 옵트 인을 위해서는 수신자에게 가치가 있는 대가를 제공해야 합니다. 즉 수신자가 이메일 수신을 허락하면 어떠한 정보나 콘텐츠가 주어질 것인지를 명확하게 제시해야 합니다. 수신자가 관심이 있거나 혜택을 주는 이메일은 더 이상 스팸이 아니니까요.

수신자의 동의를 받은 이메일은 여러 가지 장점을 갖습니다. 그래서 우리가 마케팅 퍼널의 중간 단계에서 잠재 고객에게 조건적 가치를 무료로 제공하고 이메일 주소를 얻은 것 아닙니까? 잠재 고객을 리드로 전환하기 위해서 말입니다. 이것이 이메일 마케팅의 기초입니다. 이제 우리는 여러 가지 효과적인 이메일 마케팅을 실행할 수 있습니다.

먼저, 고객 데이터를 기반으로 세분화가 가능합니다. 즉 모든 사람에게 동일한 이메일을 보내는 대신에 고객의 인구 통계, 관심사, 과거의 구매 내역 등의 기준에 따라 다양한 고객에게 다양한 이메일을 보낼 수 있습니다. 한마디로, 수신자의 데이터를 바탕으로 개인화된 이메일을 보내서 고객의 참여와 전환을 유도할 수 있는 것입니다. 이것이 다른 SNS 마케팅과 구별되는 이메일 마케팅의 장점입니다.

더 나아가 이메일을 주고받는 과정에서 기업과 고객의 쌍방향 커뮤니케이션이 활달해지고, 장기적으로 이것은 기업과 고객 간의 신뢰 관계로 발전할 수 있습니다. 이러한 신뢰 관계를 바탕으로 기업은 이메일을 통해서 고객에게 광고, 홍보 및 판매를 할 수 있습니다.

또한 이메일 마케팅 플랫폼은 자세한 통계 및 분석 자료를 제공하기 때문에, 오픈률, 클릭률, 전환율 같은 이메일 마케팅의 성과를 측정하고 마케팅 활동을 테스트할 수도 있습니다. 그리고 이메일 자동화 시스템을 이용하여 이메일 마케팅 캠페인에 드는 시간과 노력을 절약할 수도 있습니다. 이것을 트리거(Trigger) 이메일이라고 합니다. 트리거 이메일은 고객의 자료를 바탕으로 자동으로 발송하는 이메일을 말합니다.

이러한 효과적인 이메일 마케팅을 위해서는 물론 설득력 있는 콘텐츠가 필요합니다. 이것은 앞에서 언급한 다른 마케팅 채널의 콘텐츠와 마찬가지입니다. 무엇보다 고객들의 관심을 끌고, 관련성이 있으며, 가치가 있는 콘텐츠여야 합니다. 이를 위해서 먼저, 이메일의 제목은 내용을 요약하며 호기심을 자극하고 혜택을 명시하는 것이어야 합니다. 이메일의 오픈은 제목이 결정한다고 해도 과언이 아닙니다. 다음으로 이메일 본문은 다양한 내용보다는 핵심적인 내용만 심플하게 구성하는 것이 좋습니다. 필요에 따라서 이미지나 링크를 삽입하는 것도 효과적입니다. 그리고 명확한 레이아웃과 매력적인 시각적 요소로 디자인된 이메일이 성과가 좋다고 합니다. 마지막으로 명확한 콜 투 액션(CTA)이 필요합니다. 즉 수신자가 방문 페이지를 클릭, 콘텐츠 다운로드, 구매 등을 수행할 수 있도록 콜 투 액션(CTA)을 눈에 잘 띄도록 배치해야 합니다.

결론적으로 이메일은 다양한 고객에게 다양한 메시지를 보낼 수 있는 가장 좋은 방법입니다. 또한 적은 비용으로 높은 수익을 얻을 수 있습니다. 그리고 고객의 여정 중 한 단계에서 다음 단계로 이동시킬 수 있다는 장점을 갖고 있습니다. 이러한 이유에서 이메일을 여러분의 1인 기업을 위한 마케팅 채널로서 강력히 추천합니다.

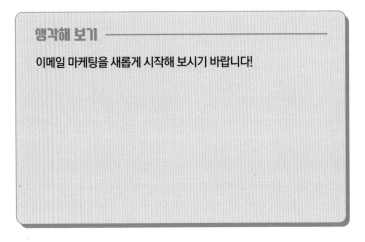

생각해 보기

이메일 마케팅을 새롭게 시작해 보시기 바랍니다!

06.
검색엔진으로 차별화하기

구글이나 네이버, 다음 같은 검색엔진은 사용자가 특정 콘텐츠를 찾을 때 사용하는 플랫폼입니다. 사용자는 이러한 검색엔진을 통하여 콘텐츠를 검색하고 결국 이것은 구매로 이어지게 됩니다. 그러므로 중요한 것은 사용자가 검색엔진을 통하여 원하는 정보를 검색할 때 자사의 콘텐츠가 손쉽게 검색되어야 한다는 것입니다. 즉 검색했을 때 검색 결과 페이지 상단에 노출되어야 합니다. 이것을 **'검색 상위 노출'**이라고 합니다.

예를 들어 네이버 검색엔진에 '홍대 앞 맛집'이라고 검색하면 수많은 검색 결과가 나옵니다. 이 중에서 제일 첫 페이지 상단에 나

타난 콘텐츠를 검색 상위 노출이라고 말합니다. 검색 결과가 많을 때는 두세 페이지까지도 검색 상위 노출에 해당된다고 볼 수 있습니다. 하지만 대부분의 사용자들은 첫 페이지의 콘텐츠를 중요하게 여기기 때문에, 나중에 나타나는 검색 결과는 클릭률이 낮을 수밖에 없습니다.

그렇다면 우리 콘텐츠가 어떻게 하면 검색엔진에서 상위 노출이 될 수 있을까요? 그 비결은 우리의 콘텐츠가 검색되기 위해 필요한 자격을 갖추면 됩니다. 이것을 '**검색엔진 최적화(Search Engine Optimization: SEO)**'라고 합니다. 구체적으로 검색엔진 최적화는 모든 검색 활동에서 자사의 콘텐츠가 최우선적으로 노출되게 함으로써 자사의 사이트를 찾는 방문객 수를 극대화하는 활동입니다.

검색엔진 최적화를 위해서는 검색엔진의 알고리즘을 이해할 필요가 있습니다. 네이버의 경우에는 C-Rank 알고리즘과 D.I.A.(다이아) 모델이라는 것이 있는데, 전자는 특정 주제에 대해 전문성 있는 콘텐츠를 지속적으로 작성하는 것을 말합니다. 후자는 사용자의 반응을 중요하게 여기는데, 이를 위해서 정보성과 작성자의 경험이 반영된 콘텐츠를 작성하는 것을 말합니다. 한편 구글의 경우에는 검색엔진의 알고리즘의 요소가 수백 개가 넘기 때문에 네이버처럼 명시적으로 이야기할 수는 없습니다. 하지만 네이버보다는 사용자의 검색 경험을 최우선으로 하기 때문에 국내에서도 구글의 검색엔진 점유율이 점점 상승하는 추세입니다.

검색엔진으로 차별화하는 방법은 다음과 같습니다. 먼저, 가장 중요한 방법은 당연히 위에서 설명한 검색엔진의 알고리즘에 적합한 콘텐츠 마케팅을 실행하는 것입니다. 예를 들면 네이버의 경우에는 콘텐츠를 작성할 때 전문성, 정보성 그리고 자신의 경험이 반영된 콘텐츠를 지속적으로 포스팅하는 것입니다. 한편 구글의 경우에는 사용자의 검색 경험을 중요하게 여기므로 사용자에게 가치 있는 콘텐츠를 제공하는 것이 가장 중요합니다.

검색엔진으로 차별화하는 두 번째 방법은 연관 키워드를 이용하는 것입니다. 연관 키워드 검색은 네이버의 경우에는 네이버 광고의 '키워드 도구'를 그리고 구글의 경우에는 구글 애즈의 키워드 플래너를 사용하면 됩니다. 이때 단지 연관 키워드를 검색하는 데 만족하지 말고, 검색엔진 사용자가 어떤 의도를 가지고 검색을 하는지를 유추하는 것도 중요합니다. 그러면 여러분의 잠재 고객이 관심을 가질 만한 키워드와 잠재 고객의 의도를 반영하여 여러분의 콘텐츠를 만들 수 있기 때문입니다. 물론 이 연관 검색어와 사용자의 의도는 여러분의 콘텐츠의 제목과 본문에 들어가야 합니다. 결과적으로 이러한 콘텐츠는 검색엔진의 상위 노출에 기여할 수 있습니다.

검색엔진으로 차별화하는 마지막 방법은 여러분 사이트의 트래픽을 높이는 것입니다. 검색엔진은 페이지 순위를 정할 때 트래픽을 고려하기 때문입니다. 그러므로 트래픽을 높이기 위해서는 잠재 고객이 여러분의 사이트를 방문할 만한 가치가 있는 무료 정보를 올리거나 프로모션을 진행하는 것이 좋습니다. 트래픽을 높이는 또 다른 방법은 블로그, 인스타그램, 유튜브 등의 SNS 채널을 여러분의 사이트에 링크하는 것입니다. 특히 블로그는 검색엔진의 결과을 향상시키는 데 도움이 됩니다.

마지막으로 한 가지 당부하고 싶은 것은 검색엔진 최적화의 늪에 빠져서는 안 된다는 것입니다. 많은 기업이나 개인들이 검색엔진 상위 노출을 위해서 검색엔진 최적화 그 자체를 목적으로 삼는 경우를 종종 보게 됩니다. 검색엔진 최적화는 여러분의 콘텐츠가 얼마나 사용자의 검색에 도움이 되는가를 판단하는 기준이지, 검색엔진 상위 노출을 위한 도구가 아닙니다. 실제적으로 검색엔진 최적화에 몰두한다고 검색순위가 오르지 않습니다. 왜냐하면 검색엔진 최적화 과정은 장기적이며 점진적인 과정이기 때문입니다. 오히려 고객에게 가치가 있는 양질의 콘텐츠를 지속적으로 올리다 보면 검색엔진 최적화가 되는 것입니다. 앞에서도 언급했듯이 콘텐츠가 답입니다.

생각해 보기

당신의 콘텐츠는 얼마나 검색엔진에 최적화되어 있습니까?

07.
정리하기

이 장에서는 먼저 소셜미디어 채널에 대해 살펴보았습니다. 여기서 살펴본 소셜미디어는 서로 다른 특성을 갖고 있습니다. 그러므로 블로그, 인스타그램, 유튜브의 각 특성을 고려하여 여러분의 1인 기업에 맞는 SNS 채널로 사용하시기 바랍니다.

그리고 SNS에서 인기 있는 블로그, 인스타그램, 유튜브 등을 벤치마킹하시기 바랍니다. 먼저 여러분의 마음에 드는 몇 개의 채널들을 팔로우하고 계속 관찰하십시오. 그리고 그 채널들의 형식과 내용을 그대로 따라 해 보십시오. 그러다 보면 각 채널의 장점을 조합하여 여러분의 채널을 만들 수 있을 것입니다.

대부분의 SNS 플랫폼은 통계 자료를 제공합니다. 자신의 블로그, 인스타그램, 유튜브 등의 통계를 모니터하면서 고객이 어떻게 반응하는지 관찰하시기 바랍니다. 예컨대 구글 애널리틱스는 여러분의 고객이 몇 명이고, 어디를 방문했으며, 얼마 동안 머물렀는지 등을 무료로 제공합니다. 이러한 자료를 바탕으로 이렇게 저렇게 실험을 해 보시기 바랍니다(A/B 테스트). 이 자료는 여러분이 앞으로 어떻게 활동해야 하는지를 결정하는 데 큰 도움이 될 것입니다.

마지막으로, 여러분의 SNS 채널들이 스마트폰에서도 제대로 작동되는지 확인하십시오. PC나 노트북보다는 스마트폰이나 태블릿을 사용하는 사람들이 점점 더 늘어나고 있기 때문입니다. 앞으로 모바일이 SNS 마케팅의 대세가 될 것입니다.

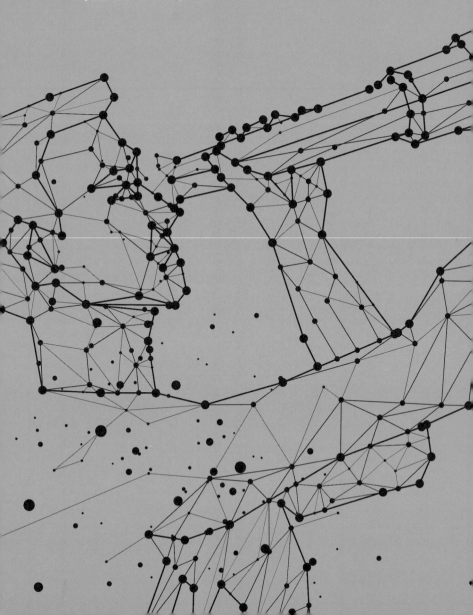

7장.
비즈니스 모델로 차별화하기
(판매 전략)

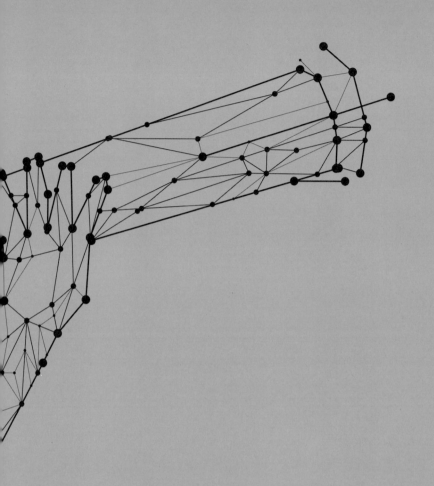

"어떻게 새로운 비즈니스를 창출하고 가치를 실현할 것인가?"

– 알렉산더 오스터왈더 & 예스 피그누어

전략은 어디까지나 전략일 뿐입니다. 전략은 실행에 옮겨져야 합니다. 그뿐 아니라 적절한 '수익(이익)'을 올릴 수 있는 체계도 마련되어야 합니다. 그러기 위해서는 '비즈니스 모델(Business Model)'이 필요합니다.

비즈니스 모델이란 여러분의 상품과 서비스가 시장에서 수익성을 획득하는 방법을 모형적으로 표현한 것입니다. 한마디로 비즈니스 모델은 기업의 설계도입니다. 건축가가 건물을 지을 때 설계도를 작성하는 것처럼, 기업을 시작할 때 비즈니스 모델을 디자인하는 것은 매우 중요합니다.

이번 장에서는 비즈니스 모델 중에서 1인 기업에 가장 유용한 비즈니스 모델 캔버스(BMC)를 소개하고, 여러분의 1인 기업이 실제적으로 어떻게 판매와 연결되어 수익을 창출할 수 있는지를 점검해 보겠습니다.

01.
비즈니스 모델이란? _____

지금까지 여러분이 보았듯이, 1인 기업의 준비 과정은 생각보다 복잡합니다. 잘못하면 생각지도 않았던 다른 길로 갈 수도 있습니다. 또는 미로에서 길을 잃어버리고 미아가 될 수도 있습니다. 그러므로 이 과정을 전체적으로 조망할 수 있는 로드맵이 필요합니다. 이러한 역할을 하는 것이 바로 비즈니스 모델입니다.

즉 비즈니스 모델은 1인 기업의 준비 과정을 전체적으로 조망하는 지도입니다. 또한 실제적으로 1인 기업을 시작한 후에 사업을 진행하다 보면, 준비 단계에서 미처 생각하지 못했던 문제들에

직면하게 됩니다. 그러므로 그때그때 이러한 사업상 발생하는 문제들을 수정하고 대처할 수 있어야 합니다. 이러한 역할을 하는 것이 바로 비즈니스 모델입니다. 말하자면 비즈니스 모델은 플랜 B,C…N의 가능성을 내포하고 있어야 합니다.

여러분의 상품이나 서비스가 시장에 출시되기 전에는 그 효과가 아직 이론상으로만 존재할 뿐입니다. 즉 여러분의 상품과 서비스는 고객에 의해서 효과가 입증되어야 합니다.

그러므로 그 준비 단계로서 비즈니스 모델을 작성하는 것입니다. 마케팅은 단지 상품이나 서비스를 판매하는 것이 아닙니다. 마케팅은 좀 더 넓은 범위의 경영 전반에 관한 활동이라고 할 수 있습니다. 하지만 마케팅은 수익 구조와 연결되어야 합니다. 즉 '어떻게 수익(이익)을 창출할 것인가?'에 대한 방안이 마련되어야 합니다.

이러한 역할을 하는 것이 비즈니스 모델입니다. 따라서 1인 기업의 마케팅을 위해서도 비즈니스 모델이 반드시 필요한 것입니다.

생각해 보기

나의 비즈니스 모델은 어떤 모습일까요?

02.
비즈니스 모델 캔버스로 차별화하기

여러 가지 비즈니스 모델이 있지만 1인 기업에 가장 적합한 모델은 아직 없습니다. 그중에서 우리에게 가장 유용한 비즈니스 모델을 하나 소개하겠습니다. 바로 '비즈니스 모델 캔버스(BMC: Business Model Canvas)'입니다. 간단하게 캔버스 모델이라고도 합니다. 이 비즈니스 모델은 기업가이며 작가인 알렉산더 오스터왈더(Alexander Osterwalder)와 스위스 로잔대학의 경영학 교수인 예스 피그누어(Yves Pigneur)가 만든 모델입니다.

이 모델의 장점은 첫째, 간단하다는 것입니다. 단 1 페이지로 모든 비즈니스 모델의 요소를 표현할 수 있다는 것입니다. 종이와

필기도구만 있으면 그릴 수 있습니다. 물론 노트북이나 스마트폰에서도 시각화가 가능합니다. 둘째, 다양한 유형의 기업의 비즈니스 모델에도 적용될 수 있습니다. 대기업, 중소기업, 1인 기업, 비영리단체, 개인 등. 셋째, 수정이 가능하다는 것입니다. 즉 한 번 만들면 끝이 아니라 필요에 따라 얼마든지 고쳐나갈 수 있습니다. 마지막으로, 세계적으로 가장 많이 사용되고 있는 비즈니스 모델이기 때문에 표준화가 가능합니다.

자, 이제 '비즈니스 모델 캔버스'를 소개하겠습니다. 아래 〈표 3〉과 같습니다.

8. KP 핵심 파트너십	7. KA 핵심 활동	2. VP 가치 제안	4. CR 고객 관계	1. CS 고객 세그먼트
	6. KR 핵심 자원		3. CH 채널	
9. C$ 비용 구조		5. R$ 수입원		

〈표 3〉 비즈니스 모델 캔버스

먼저 '비즈니스 모델 캔버스'(이하, 캔버스)의 구조부터 살펴보겠습니다. 캔버스는 2번, '가치 제안'을 중심으로 좌우로 나뉩니다. 캔버스의 우측은 고객과 관련된 활동과 그에 따른 수입입니다. 한편 캔버스의 좌측은 기업의 활동과 그에 따른 비용입니다. 기억나십니까? 제가 앞에서 마케팅에서 제일 중요한 것이 가치 제안이라고 말씀드렸지요? 여기 캔버스에서도 마찬가지입니다. 그래서 가치 제안이 중심에 있으며, 캔버스의 좌측과 우측에 모두 해당됩니다. 즉 가치 제안은 고객과 기업 모두에게 가장 중요한 항목입니다.

'비즈니스 모델 캔버스'를 그리는 순서와 각 항목을 설명하면 다음과 같습니다.

(1) 고객 세그먼트(Customer Segments: CS)

타깃으로 삼을 핵심 고객을 설정한다.

(2) 가치 제안(Value Propositions: VP)

고객 세그먼트의 문제를 어떻게 해결해 줄 수 있는가를 기술한다.

(3) 채널(Channels: CH)

고객 세그먼트와 어떻게 소통하고 가치를 전달할 것인가를 기술한다.

(4) 고객 관계(Customer Relationships: CR)

고객 세그먼트와 어떤 관계를 맺을 것인가를 기술한다.

(5) 수입원(Revenue Streams: R$)

기업이 고객 세그먼트로부터 창출한 수입원을 기술한다.

(6) 핵심 자원(Key Resources: KR)

비즈니스 모델을 실행하는 데 필요한 자산을 기술한다.

(7) 핵심 활동(Key Activities: KA)

고객 세그먼트에게 가치를 제공하는 원천이 되는 주요 활동을 기술한다.

(8) 핵심 파트너십(Key Partnerships: KP)

기업 활동에서 빠뜨릴 수 없는 파트너를 기술한다.

(9) 비용 구조(Cost Structure: C$)

기업을 운영하는 데 필요한 비용을 기술한다.

'비즈니스 모델 캔버스' 작성 예

'알라딘 중고서점' 같은 중고서점의 '비즈니스 모델 캔버스'는 다음과 같이 작성할 수 있을 것입니다.

〈표 4〉에서 보는 바와 같이, 이 중고서점은 책을 사는 사람과 책을 팔려는 사람을 모두 고객 세그먼트로 설정할 수 있습니다. 책을 사는 사람에게는 새 책보다 비교적 싸게 책을 살 수 있다는 가치를 그리고 책을 파는 사람에게는 불필요한 책을 처분하고 현금화할 수 있다는 가치를 제안할 수 있습니다. 고객과 소통하고 이러한 가치를 전달하는 채널은 점포와 인터넷 모두 가능합니다. 그러므로 고객과의 관계는 오프라인과 온라인에서 이루어집니다. 이 중고서점의 수입은 주로 헌책을 사서 그보다 더 비싼 가격으로 파는 과정에서 발생합니다.

이제 캔버스의 왼쪽으로 가볼까요? 이 중고서점의 핵심 자원은 매입 및 매출 시스템과 브랜드 가치입니다. 핵심 활동은 물론 책을 사고파는 것입니다. 그리고 출판사 및 작가들은 이 중고서점의 핵심 파트너입니다. 마지막을 점포 임대료와 직원들의 인건비 등이 이 중고서점을 운영하는 데 필요한 비용이 될 것입니다. 참고로 5번 수입원에서 9번 비용을 제하면 이 중고서점의 이익이나 손실을 알 수 있겠지요.

8. KP 핵심 파트너십 • 출판사 • 작가	7. KA 핵심 활동 • 책을 판다 • 책을 산다	2. VP 가치 제안 ① 책을 싸게 살 수 있다. ② 불필요한 책을 팔 수 있다.	4. CR 고객 관계 • 오프라인 • 온라인	1. CS 고객 세그먼트 ① 책을 사는 사람 ② 책을 파는 사람
	6. KR 핵심 자원 • 매입/ 판매 시스템 • 브랜드 가치		3. CH 채널 • 점포 • 인터넷	
9. C$ 비용 구조 • 점포 임대료 • 인건비			5. R$ 수입원 ①책값(+) ②책값(-)	

〈표 4〉 중고서점의 '비즈니스 모델 캔버스'

마지막으로 저의 '비즈니스 모델 캔버스'를 알려 드립니다. 여러분도 여러분의 1인 기업의 '비즈니스 모델 캔버스'를 작성해 보시기 바랍니다. 여기서 한 가지 부연할 것은 모든 항목을 반드시 채워야 하는 것은 아니라는 것입니다. 왜냐하면 1인 기업의 유형에 따라서 그리고 1인 기업가의 특성에 따라서 비즈니스 모델이 달라질 수 있기 때문입니다.

8. KP 핵심 파트너십 • 출판사 • 다른 1인 　기업가	7. KA 핵심 활동 • 강의 및 　세미나 • 컨설팅	2. VP 가치 제안 • 1인 기업 　마케팅 • 1인 기업 　컨설팅	4. CR 고객 관계 면대면 온라인	1. CS 고객 세그먼트 • 수강생 • 1인 기업가
	6. KR 핵심 자원 • 마케팅 　지식 • 강의 경력		3. CH 채널 • 전화 • 소셜미디어	

9. C$ 비용 구조 • 자료 구입비 • 자기 계발 비용 • 공간 대여 비용	5. R$ 수입원 • 수강료 • 인세 • 컨설팅 수입

〈표 5〉 최용주의 '비즈니스 모델 캔버스'

자, 이제 아래의 '비즈니스 모델 캔버스' 양식의 빈칸을 채워 여러분의 1인 기업의 비즈니스 모델을 꼭 만들어 보시기 바랍니다 (〈표 6〉).

8. KP 핵심 파트너십	7. KA 핵심 활동	2. VP 가치 제안	4. CR 고객 관계	1. CS 고객 세그먼트
	6. KR 핵심 자원		3. CH 채널	
9. C$ 비용 구조		5. R$ 수입원		

〈표 6〉 당신의 '비즈니스 모델 캔버스'

생각해 보기

당신의 비즈니스 모델 캔버스를 그려 보세요!

03.
정리하기

비즈니스 모델이란 기업이 어떻게 가치를 창출하고 장기적으로 이익을 낼 수 있는지를 도식으로 표현한 것입니다. 하지만 1인 기업에 적합한 비즈니스 모델은 아직 없습니다. 그래서 비즈니스 모델 캔버스를 이용하여 1인 기업의 비즈니스 모델을 만들어 보았습니다. 여러분도 각자의 비즈니스 모델 캔버스를 만들어 보시기 바랍니다. "나의 1인 기업을 위한 비즈니스 모델!"

비즈니스 모델 캔버스를 그려 보면, 머릿속으로만 생각하던 여러분의 1인 기업과 차이가 있음을 알게 될 것입니다. 그리고 훨씬 구체적으로 준비할 수 있을 것입니다. 눈에 보이게 그림으로 표현했으니까요. 일반적으로 비즈니스 모델은 투자와 관련이 있습니다. 신규 사업을 기획할 때 앞으로 진행할 비즈니스가 어떤 경쟁력을 갖추었는지를 투자자에게 설명하지 못하면 투자를 받을 수 없습니다. 물론 1인 기업은 투자를 받는 경우가 드물지만, 마치 투자자에게 프레젠테이션을 하듯이 여러분의 비즈니스 모델을 검토해 보시기 바랍니다.

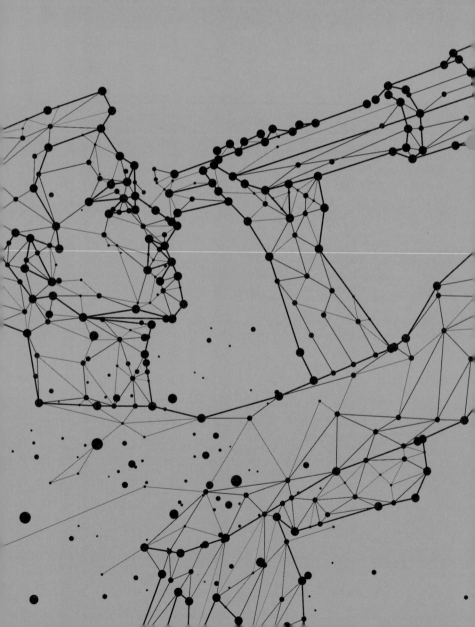

8장.
최종 사업계획서 완성

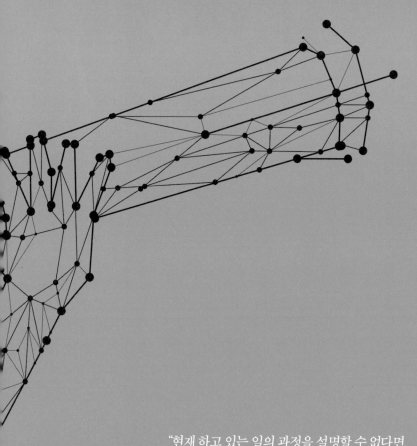

"현재 하고 있는 일의 과정을 설명할 수 없다면,

자신이 뭘 하고 있는지 모르는 것이다."

– 에드워드 데밍

이제 마지막 장입니다. 하지만 여기서 끝이 아닙니다. 당신의 1인 기업을 시작하기 전에 문제는 없는지, 보완할 점은 없는지 더 치열하게 마지막 점검을 해야 합니다. 그것이 바로 **'사업계획서'**로 완성하는 것입니다.

사업계획서는 새로운 사업을 시작하거나 기존 사업을 확장하거나 개선하기 위해서 사업 목표, 전략, 실행계획 등을 요약한 문서입니다. 또한 사업계획서는 투자자, 은행, 협력 업체 등 외부 이해 관계자들로부터 자금을 조달할 때도 중요한 역할을 합니다.

하지만 우리는 1인 기업이기 때문에 투자보다는 내부적으로 사업을 점검하기 위해서 사업계획서를 원용하려고 합니다. 즉 나 자신을 점검하기 위해서 사업계획서를 작성해 보는 것입니다. 나의 1인 기업이 무엇이 부족한지 그리고 어떤 아이디어가 좋은지를 제3자의 입장에서 파악해 보는 것입니다. 실제로 사업계획서를 작성해 보면 작성하기 전과 후가 많이 다름을 느끼게 됩니다.

물론 사업계획서는 마케팅 이상의 경영 전반에 관한 내용이 포함되어 있습니다. 사업 목표, 비전과 미션, 시장 조사, 상품 및 서비스, 경영 전략, 수익 모델, 마케팅 전략, 조직 구조, 실행 계획 등. 그러나 이 책의 중점은 1인 기업의 마케팅이기 때문에, 이러한 구성 요소들을 다 다루지 않고, 마케팅과 판매에 관한 항목만을 살펴보겠습니다. 말하자면 1 Page 분량의 마케팅 플랜이라고 생각하시면 될 것입니다.

자, 이제 〈표 8〉의 저의 사업계획서를 참고하여, 여러분의 '사업계획서'를 작성해 보세요.

사업명 (1인 기업명)	'최용주 교수의 1인 기업을 위한 차별화 마케팅'
사업 목표	'1인 기업을 위한 차별화 마케팅' 강의 및 컨설팅을 통해서, 성공적인 1인 기업가가 될 수 있도록 창업 및 사업을 돕는다
상품이나 서비스	'1인 기업을 위한 차별화 마케팅' 강의 및 세미나 '1인 기업을 위한 차별화 마케팅' 컨설팅
자사의 강점	20년 이상의 마케팅 커뮤니케이션 교육과 연구 경험 1인 기업가로서의 실무에 대한 경험
고객의 가치	성공적인 1인 기업의 마케팅에 대한 지식 및 준비
대상 고객	성공적인 1인 기업의 창업을 준비하는 (예비) 1인 기업가 성공적인 1인 기업으로 성장하고 싶은 1인 기업가
대상 시장	자신의 콘텐츠를 SNS를 통해서 판매하는 초틈새시장
콘셉트	차별화 마케팅
포지셔닝	성공적인 1인 기업의 마케팅에 대한 이론과 실무를 제공
페르소나/ 아바타	성공적인 N잡러를 지향하는 1인 기업가
가치 제안	성공적인 1인 기업의 창업 및 사업에 도움을 제공한다.
SNS	블로그, 인스타그램, 유튜브, 이메일(+유무선 전화)
비즈니스 모델	7장의 〈표 5〉 참조

〈표 8〉 1인 기업의 사업계획서(예)

자, 이제 여러분의 '사업계획서'를 작성해 보시기 바랍니다〈표 9〉.

사업명 (1인 기업명)	
사업 목표	
상품이나 서비스	
자사의 강점	
고객의 가치	
대상 고객	
대상 시장	
콘셉트	
포지셔닝	
페르소나/ 아바타	
가치 제안	
SNS	
비즈니스 모델	

〈표 9〉 1인 기업의 사업계획서(양식)

사업계획서는 가능한 한 구체적으로 작성하십시오. 이 과정을 통해서 자신의 1인 기업의 장점과 부족한 점을 발견할 수 있을 것입니다. 그러면 다시 처음으로 돌아가서 장점은 더 확실하게 하고, 부족한 점은 보완하십시오. 그리고 이 작업을 계속 반복하면서 최종 사업계획서를 준비하시기 바랍니다. 주위의 지인이나 전문가와 상의하는 것도 객관성을 갖출 수 있는 좋은 방법입니다.

사업계획서를 작성한 뒤에는 여러분의 비즈니스 모델과 비교해 보십시오. 그러면 양쪽 모두에서 서로 보완할 점을 발견할 수 있을 것입니다. 즉 시너지 효과를 얻을 수 있을 것입니다. 말씀드린 대로 비즈니스 모델이 여러분의 1인 기업을 전체적으로(거시적으로) 조망할 수 있는 청사진이라면, 사업계획서는 구체적으로(미시적으로) 여러분의 1인 기업을 실행할 수 있도록 점검하는 1페이지 마케팅 기획서입니다.

1인 기업의 성공을 위한 조언

> "1인 기업은 당신의 인생을 바꿀 수 있는 기회다.
>
> 그 비결은 차별화다."
>
> - 최용수

먼저 지금까지 이 책을 읽어 주신 독자 여러분에게 진심으로 감사를 드립니다. 이제 여러분에게 도움이 될 수 있는 몇 가지 당부 말씀을 드리면서 이 책을 마치려고 합니다.

1인 기업에는 빛과 그림자가 있습니다. 즉 1인 기업에는 많은 장점과 단점이 있습니다.

우선 1인 기업의 장점은 리스크가 적다는 것입니다. 나 홀로 비즈니스이기 때문에 돈이 많이 들지 않습니다. 즉 기존 중소기업처럼 인건비나 임대료 같은 고정비가 들지 않습니다. 또한 조직이 크면 그만큼 사람이 늘어나기 때문에 신경을 써야 할 일이 많습니다. 그러나 1인 기업은 조직이 필요 없기 때문에 인간관계에 얽매이지 않아도 됩니다. 그리고 출퇴근이 필요 없고 자기 스스로 일정을 조절할 수 있기 때문에 시간으로부터 자유롭습니다.

대신 단점도 있습니다. 나 홀로 비즈니스이기 때문에 모든 일을 나 혼자 감당하고 책임져야 합니다. 그러므로 무언가를 혼자 하는 것에 익숙하지 않은 사람에게는 적합하지 않을 수 있습니다. 그리고 콘텐츠를 스스로 만들고 업데이트해야 하기 때문에 시간을 계속 투자해야 합니다. 시간으로부터 자유로운 동시에 시간이 많이 듭니다. 이런 점을 고려하여 1인 기업이 자신에게 맞는지를 결정해야 합니다.

무엇보다 1인 기업은 장기적인 안목을 가져야 합니다. 1인 기업의 마케팅은 주로 SNS를 통해서 이루어집니다. 그런데 SNS 마케팅은 인간관계와 비슷합니다. 서로 신뢰를 구축하기까지 시간이 걸리고 그만큼 노력이 필요합니다. 그러므로 절대 서두르지 마십시오. 최소한 6개월에서 1년 동안 시간과 노력을 투자하십시오. 그러면 인간관계처럼 결실을 맺을 수 있을 것입니다.

이러한 이유에서 1인 기업은 분명 돈을 벌 수 있지만, 금방 벌리지는 않습니다. 그래서 1인 기업으로 돈을 벌기 위한 방법이 바로 '어장 관리'를 하는 것입니다. 즉 1인 기업을 시작하기 전에 SNS를 통해서 어느 정도 잠재 고객들을 모은 후에 본격적으로 1인 기업을 시작하는 것입니다. 그렇지 않으면 막상 1인 기업을 시작한 후에 고객들을 모으느라 최소 6개월에서 1년 정도 시간이 필요합니다. 소위 개점 휴업 상태에 들어갈 확률이 높습니다.

그러므로 SNS를 시작해서 잠재 고객(팔로워)를 충분히 모아 둔 후에 1인 기업을 시작하십시오. 즉 미리 어장을 관리하십시오. 이 잠재 고객들이 나중에 여러분의 최초 고객이 되는 것입니다. 이 사실을 명심하십시오! 이것은 제 값진 실패 경험에서 나온 말씀입니다.

인류 역사를 보면 수렵 문화에서 농경문화로 이동해 갔습니다. 왜 그렇습니까? 동물을 사냥하는 것보다 가축을 방목하는 것이 훨씬 더 경제적이니까요. 즉 수렵형 경제보다 경작형 경제가 더 유리하다는 것입니다. 그래서 유목민(Nomad)에서 정착민으로 변화한 것입니다.

개인마다 다르겠지만 최소 6개월에서 1년 정도의 준비 기간이 필요합니다. 그러므로 1인 기업을 일단 N잡 중의 하나로 시작하는 것도 좋은 방법입니다. 그리고 자리를 잡으면 그때 1인 기업을 주업으로 전환할지 고민해 보시기 바랍니다.

마지막으로 몇 가지 도움의 말을 드리면서 이 책을 마치려고 합니다.

1. 계속 학습하십시오

"아는 것이 힘이다"라는 말이 있습니다. 아는 것이 돈이 됩니다. 어떤 유형의 사업을 하든 지식은 성공을 위한 기초가 됩니다. 지속 가능한 사업을 위해서는 배움의 자세가 필요합니다. 특히 1인 기업이라면 더욱 그러합니다.

1인 기업가는 배움의 과정을 절대 멈추지 말아야 합니다. 장기적인 안목으로 계속 학습하십시오. 마케팅, 경영 일반, MBA, 4차 산업혁명, 심리학, 인문학, T 자형 지식(전문성과 일반성을 겸비한 지식) 등 그 무엇이든 여러분의 미래 강점으로 만들 분야를 계속 공부하십시오. 성공과 실패는 고객과 시장에 대한 지속적인 학습에서 옵니다. 앞으로 계속 전진하려면 배움을 멈춰서는 안 됩니다.

2. 계속 차별화하십시오

앞으로 1인 기업이 계속 늘어나고 점점 경쟁이 치열해질 것입니다. 그러므로 차별화가 필요합니다. 그러나 영원한 차별화는 없습니다.

차별화는 마치 스포츠 기록과 같습니다. 누군가 세운 기록은 뒤에 오는 다른 선수들에 의해서 깨지기 마련입니다. 마찬가지로 어느 회사가 새로운 기술을 개발해서 신상품을 만들면, 곧 다른 회사들이 또 다른 기술을 사용하여 유사한 상품을 개발합니다.

그러므로 여러분은 차별화를 계속해야 합니다. 그렇게 해야만 시장에서 살아남을 수 있습니다. 그래서 앞에서 계속 학습하라고 말씀드린 것입니다. 마케팅의 구루인 피터 드러커(Peter Drucker)는 "기업은 항상 차별화를 추구하는 자이다"라고 말했습니다. 이것은 1인 기업에 그대로 적용됩니다. 제가 감히 말씀드립니다만, 1인 기업가는 항상 자신을 차별화하기 위해 공부하는 자입니다. 지식을 계속 학습하면서 자신만의 역량(차별점)을 만드시기 바랍니다. 이 재창조가 1인 기업의 성패를 결정합니다.

3. 상호 협력하십시오

1인 기업은 나 홀로 비즈니스입니다. 하지만 모든 일을 혼자서 다 할 수는 없습니다. 그래서 다른 사람들의 도움이 필요합니다. 가능한 한 자력으로 문제를 해결하는 것이 바람직하지만, 자신의 능력 밖에 있는 일들은 다른 사람에게 도움을 요청하십시오. 동종 업계의 사람들에게 자문을 구하십시오. 그리고 나중에 여러분의 도움이 필요할 때 돌려주면 됩니다. 1인 기업가는 독립적인 존재지만, 상호 협력을 통해서 더 강력한 힘을 얻을 수 있습니다. 상호 이익을 위해서 다른 1인 기업가와 서로 의존하시기 바랍니다.

4. 진정성으로 고객을 대하십시오

무슨 일이든지 인간관계에는 진정성이 필요합니다. 진정성은 자기 자신과 타인을 거짓 없이 진실로 대하는 것입니다. 여러분이 여러분의 고객을 진정으로 대하면 고객이 여러분의 진정성을 느낍니다. 요새 반려견들을 키우는 집이 많은데, 강아지들도 식구 중에 누가 자신을 진정으로 사랑하는지 잘 압니다. 하물며 사람이 그것을 모르겠습니까? 예컨대 좀 부족한 고객이 있더라도 진정성으로 존중하시기 바랍니다. 그러면 그들이 여러분의 진정한 고객이 될 것입니다. 그리고 혹시 다른 고객을 추천할지도 모르지 않습니까?

5. 지금 당장 1인 기업의 준비를 시작하십시오

우리는 지금까지 1인 기업을 위한 차별화 마케팅에 대해 살펴보았습니다. 이제 마지막으로 남은 것이 하나 있습니다. 그것은 바로 이 차별화 마케팅을 실천하는 것입니다. 마지막으로 괴테 (Goethe)의 말을 인용하면서 이 책을 마치려고 합니다.

"무엇이 되었든 할 수 있거나 꿈꾸는 것이 있다면 당장 시작하라.

비범한 재능, 힘, 마법, 이 모든 것이 시작하는 용기에서 나온다."

– 요한 볼프강 폰 괴테

지금까지 이 책을 읽어 주신 여러분에 진심으로 감사드립니다.

이 책이 여러분의 1인 기업에 도움이 되기를 소망합니다.

지금 당장 SNS를 시작하라!

그리고 6개월 뒤에 1인 기업을 시작하라!

– 최용주

참고문헌

- 간다/기누타, 『무조건 팔리는 카피 단어장』 동양북스, 2021.
- 강진영/유영진, 『SNS 마케팅』 제이펍, 2020.
- 고딘, 세스, 『보랏빛 소가 온다』 재인, 2004.
- 고딘, 세스, 『마케팅이다』 샘앤파커스, 2019.
- 구본형, 『그대, 스스로를 고용하라』 김영사, 2001.
- 글래드웰, 말콤, 『다윗과 골리앗』 21세기북스, 2014.
- 길런, 폴, 『소셜미디어 마케팅의 비밀』 멘토르, 2010.
- 김위찬/마보안, 『블루오션 전략』 교보문고, 2015.
- 길아보, 크리스, 『100달러로 세상에 뛰어들어라』 명진출판, 2012.
- 다이스/헨베리, 『더미를 위한 디지털 마케팅』 시그마북스, 2018.
- 듀마스, 존 리, 『아주 특별한 성공의 법칙』 도서담, 2021.
- 레빈슨, 제이 콘래드, 『게릴라 마케팅』 비즈니스북스, 2009.
- 리스/트라우트, 『마케팅 불변의 법칙』 비즈니스맵, 2008.
- 맥머트리, 지넷, 『더미를 위한 마케팅』 시그마북스, 2018.
- 문영미, 『디퍼런트』 살림, 2011.
- 밀러, 도널드, 『무기가 되는 스토리』 월북, 2018.
- 박찬수, 『마케팅 원리』 법문사, 2023.
- 버처드, 브렌든, 『백만장자 메신저』 리더스북, 2018.
- 브런슨, 러셀, 『마케팅 설계자』 월북, 2020.
- 비숍, 빌, 『핑크펭귄』 스노우폭스북스, 2017.
- 비숍, 빌, 『관계우선의 법칙』 애플씨드북스, 2020.
- 정진수, 『네이버 블로그 & 포스트 만들기』 한빛미디어, 2019.
- 사토 덴, 『나 홀로 비즈니스』 이서원, 2020.

- 신은영, 『이젠 블로그로 책쓰기다!』 세나북스, 2020.

- 선현우, 『한국어를 팝니다』 미래의창, 2014.

- 아마다 유키히로, 『피터 드러커 씨, 1인 창업으로 어떻게 성공하죠?』 시크릿하우스, 2021.

- 암스트롱, 데릭 리, 『페르소나 마케팅』 더난출판, 2004.

- 엘런, 딥, 『1페이지 마케팅 플랜』 알파미디어, 2022.

- 오스터왈더/피그누어, 『비즈니스 모델의 탄생』 타임비즈, 2011.

- 유성철, 『블로그 마케팅』 앤써북, 2017.

- 이원준, 『디지털 콘텐츠 실전 마케팅』 디지털북스, 2020.

- 이치엔 가쓰히코, 『1인 기업을 한다는 것』 센시오, 2019.

- 자비스, 폴, 『1인 기업』 성안당, 2021.

- 정진수, 『네이버 블로그 & 포스트 만들기』 한빛미디어, 2020.

- 케네디, 댄, 『세일즈 레터 & 카피라이팅』 리텍 콘텐츠, 2014.

- 코틀러/암스트롱, 『마케팅 원리』 시그마프레스, 2021.

- 코틀러/암스토롱, 『마케팅 입문』 교문사, 2021.

- 트라우트/리스, 『포지셔닝』 을유문화사, 2001.

- 트라우트/리브킨, 『차별화 마케팅』 더나출판, 2012.

- 포터, 마이클, 『경쟁전략』 21세기북스, 2008.

- 풀리지, 조, 『콘텐츠 바이블』 세종, 2021.

- 홍성준, 『차별화의 법칙』 21세기북스, 2013.

1인 기업
무엇을 어떻게 차별화할 것인가

초판 1쇄 인쇄 | 2023년 11월 17일
초판 1쇄 발행 | 2023년 11월 24일

지은이 | 최용주

펴낸이 | 최원교
펴낸곳 | 공감

등　록 | 1991년 1월 22일 제21-223호
주　소 | 서울시 송파구 마천로 113
전　화 | (02)448-9661 팩스 | (02)448-9663
홈페이지 | www.kunna.co.kr
E-mail | kunnabooks@naver.com

ISBN 978-89-6065-330-6　(03320)